国际理解

国民教育通识读本 国际卷

扈永进 选编

INTERNATIONAL

天津出版传媒集团

天津人民出版社

图书在版编目（CIP）数据

国际理解 / 扈永进选编 . —天津：天津人民出版
社，2018.1
ISBN 978-7-201-12671-5

Ⅰ.①国… Ⅱ.①扈… Ⅲ.①世界史课－中学－课外
读物 Ⅳ.①G634.523

中国版本图书馆CIP数据核字（2017）第288867号

国际理解

出　　版	天津人民出版社	
选　　编	扈永进	
地　　址	天津市和平区西康路35号康岳大厦	
邮　　编	300051	
邮购电话	（022）23332469	
网　　址	http://www.tjrmcbs.com	
电子信箱	tjrmcbs@126.com	

责任编辑	刘子伯
特约编辑	葛龙广　张　赟
封面设计	仙境书品
版面设计	李　亚

印　　刷	三河市金元印装有限公司
经　　销	新华书店
开　　本	700×1000毫米　1/16
印　　张	16
字　　数	185千字
版次印次	2018年1月第1版　2018年1月第1次印刷
定　　价	39.80元

通识阅读：自由阅读新概念

真正意义上的阅读，其本质在于自由阅读，其形式在于自助阅读，且应该尽早开始，贯穿中学、大学及职业生涯等全部历程。为什么这样说呢？

—

每一个中学生都想上好大学。世界上最好的大学是哪家大学呢？脱口而出，便是哈佛大学。哈佛大学好在哪里呢？普遍的共识之一在于，现代意义上的通识教育就是从1945年哈佛大学发布《哈佛通识教育红皮书》后蓬勃发展起来的。

《哈佛通识教育红皮书》指出："广义地说，教育可以被分成两个部分：通识教育和专业教育。"通识教育"旨在培养学生成为一个'负责任的人和公民'"，而专业教育"旨在培养学生将来从事某种职业所需要的能力"。两者不可割裂，共同构成高等教育的目的。这一思想被国际高等教育界普遍接受，成为20世纪后半叶全球大学课程改革的指导思想。

1996年哈佛大学通识课课程菜单枚举：

伊斯兰国家的宗教与文化；法国社会的讽刺幽默；1850年以来的现代非洲；20世纪的科学与社会；十字军东征以来的中东和欧洲：关系与洞察；中世纪的骑士浪漫；悲剧与人类冲突；

中世纪法庭；现代主义与极端主义；公正；孔子的人本主义：自我修习与道德共享；美国社会与公共政策；儿童与他们的社会世界；达尔文进化论；相对论与量子物理学；人类行为生物学……

2009年哈佛大学通识课课程菜单枚举：

翅膀的进化；细菌的历史；疾病的话语；美国的儿童医疗卫生政策；应然：道德判断的本质；医药公司与全球健康；传染病对历史的影响；关于意识的科学研究；俄罗斯小说中的爱情；怀疑主义与知识；黑人作家笔下的白人；香蕉的文化历史；乌托邦与反乌托邦；怎样读中国的诗歌；美国的70年代；60年代的青春文学；全球变暖与公共政策；公共健康与不平等；公墓的历史；烟草的历史；酷刑与现代法律……

哈佛大学规定：全体学生必修的文学名著、西方思想和制度、物理科学或生命科学导论课，以及属于人文科学、社会科学、自然科学的其他课程各一门。另外还建议要求学生修习说明文写作、数学推理及其应用、非西方文明与文化、政治与道德哲学、现代社会五方面的课程，并学习一年西方艺术、文学、思想方面的课程。同时哈佛全校开设三百多门课，学生可以跨系科选修。

英语有一句谚语："吃什么饭长什么身体（You are what you eat）。"对大学来讲，开什么样的课程就会造就什么样的毕业生。对学生来讲，修什么样的课程就有什么样的知识结构，也就有什么样的创新潜力。

二

那么，通识教育只是大学的事吗？换句话说：中学生也需要接受通识教育吗？

《哈佛通识教育红皮书》第四章题为"中学的通识教育"，所用篇幅占去了整本书的四分之一强。书中强调指出，"我们推导出了这样一种教育理念：对所有人而言，除了最早期的教育阶段，其他阶段的教育都既包括通识教育又包括专业教育。教育的这两方面应该被视为相互联系的，专业教育永远来自通识教育，并永远要回归和丰富通识教育"。接下来，它分别从人文学科、社会学课程、科学与数学、教育与人等四个领域，详尽而深入地探讨了在中学进行通识教育的可能的路径、方法与要点。

以科学教育为例，书中指出："科学教学应该在中学低年级就开始，不能晚于七年级。"建议中学的科学教学应该注重"大型综合单元课"的讨论，指出，"对这些单元的学习将打破科学各分支学科的传统边界"，建议中学"应该开一门对科学做一个整体介绍的严谨而高度综合的课程"。关于课程内容的具体指引是，"这门课应该含有有关科学发现的历史的内容，还有关于主要科学概念和假说的一些讨论"。关于课程意义，书中指出，"这样一门课如果设计得当的话，不仅可以给那些将不再继续学业的学生提供一门理想的课程，而且也可以给那些要在专门的科学领域内继续研究的学生做一次最好的科学介绍"。

美国既如此，欧洲又如何呢？在这里，我们不妨浏览一下2007年法国的全国统一的中学毕业会考（BAC）作文题。BAC成绩在法国就是申请大学的依据，其作文题也可以被视作"高考"作文题。

文学类：①若有所悟是否就是对于思想桎梏的解脱？②艺术品是否与其他物品一样属于现实？③解释亚里士多德在《尼格马科论伦理》中有关"责任"的论述。

科学类：①欲望是否可以在现实中得到满足？②脑力劳动与体力劳动的比较有什么意义？③解释休谟在《道德原则研究》中有关"正义"的论述。

经济社会类：①人们是否可以摆脱成见？②我们可以从劳动中获取什么？③解释尼采在《人性的，太人性的》中有关"德行"的论述。

在这里，我想提请我国中学生朋友们注意的，是他们的作文题所涉及的概念与范畴。应该说，法国"高考"要求他们的中学生所面对和解读的命题，在我国，却是几乎所有中学生闻所未闻、想所未想的。命题中提及的亚里士多德、休谟、尼采三位哲学家，我们的中学生里，有几个人读过他们的原著呢？哪怕一篇。差距是显而易见的，我们的中学教育的局促与肤浅是显而易见的。然而，一个确定的事实在于，在不远的将来，我们肯定要和他们发生联系，在这个全球化的时代舞台上对话并博弈。

三

接下来，说说职业人。一个人中学毕业之后，无论上大学还是直接就业，迟早都会是一个职业人。怎样才能够在漫长的职业生涯和人生道路上游刃有余呢？请看国内一间大型基金公司的副总经理读《圣经》的一段心得：

　　我曾经深读《圣经》，在尝试一种宗教体验的同时，我是把它当作寓言来读的，思考这些寓言你会发现丰富的人性，包括人的自私、贪婪、恐惧和傲慢等。大家都知道亚当和夏娃的故事：上帝用亚当的一根肋骨创造出夏娃的时候，亚当称夏娃是"我的骨中骨、肉中肉"，也许是最经典的肉麻情话。但是当夏娃受到蛇的诱惑并劝亚当一起偷吃了伊甸园树上的智慧果被上帝发现时，亚当就立刻举报并将责任推给夏娃。这些《圣经》故事很好地展示了人性中本质的一面——人的肉体是软弱的，是经不起诱惑的。《圣经》是很好的人性寓言，读了《圣经》你也许就不难理解，为什么几乎每过十年股市和债市就会爆发一次金融风暴，花旗银行就要被拯救一次（尽管它有最先进的风险分析工具和最完备的风险控制机制），真正的根本原因在于人性中的贪婪和恐惧，再好的风险控制手段在对利益的贪婪追逐面前也全崩溃了。

　　这位基金经理是一位基督徒吗？似乎，并不是。对一个证券投资行业的职业人来讲，读本杰明·格雷厄姆的《证券分析》与沃伦·巴菲特的《致股东的信》均属分内之事，但仅限于此，却是不足够的。这位跨界阅读者，从神的故事中读出了人，读出了K线图上的巅峰与深谷。

　　良好的教育不是让人穷尽知识，而是让学习成为一个人生活方式的有机组成，成为他工作与生活的一部分。如此，尽管岁月在流逝，但持续的阅读却会不断丰富他的知识与经验。如此，他将拥有比别人更足够的资源来应对纷至沓来的各类挑战。

四

《国民教育通识读本》系列丛书，是我们为自由阅读者进行通识阅读而提供的一个读本。

本系列丛书一套8册。哲学卷：天下哲思；文学卷：文学的意义；科技卷：科技之光；国际卷：国际理解；社会卷：走出丛林；经济卷：市场与自由；文化卷：文化的德性；艺术卷：爱与美的历程。

本系列丛书的价值设定与编辑思路是：为读者呈现人文科学、社会科学、自然科学和技术等多个领域的广博知识和原典文本，帮助读者了解人类知识的主要领域，认识造就现代世界的重要社会力量、历史力量和思想力量。

我们坚信，在通识教育尚未能够全面进入中学、大学课程表之前，学生群体的优秀者们完全可以凭借通识阅读这样一种"自助型"的学习方式，使自己接受到良好的通识教育。

"不是要学生像博士研究生那样精通荷马、柏拉图或亚里士多德的某一个方面，让学生接触他们的作品，为的是借此机会让他们接触改变了我们的世界的那些至关重要的思想。"

真正改变世界的人，从来，就是那些尽早开始通识阅读的人。

"读得懂读不懂都是收获！"《时间简史》广告词如是说。

无须犹豫，去读就是。

目 录
CONTENTS

精彩快读

- 古老铭文记录这一天的日期为公元378年的1月8日，异乡人的名字叫作"火之诞"。他作为墨西哥高地某个大国的使节，来到现今危地马拉境内的瓦卡。在接下来的几十年中，他的名字出现在玛雅全境各处的纪念碑上。

- 既来之，则安之，他们战胜了各种艰难险阻，在河流、湖泊和沼泽边居住下来，学会了如何让贫瘠的土地生产出最丰富的物产。

- 火之诞的结局是个谜。现在还没有关于他死亡的记录，也没有证据表明他曾做过玛雅某国的君主，但他的威名流传久远。

- 只要这片土地还能够满足人民的基本需要，这个体系就能成功存续。事实上，它的富足创造了辉煌的艺术和知识成就，玛雅因此被定义为古代世界最伟大的文化之一。

背景介绍

　　玛雅文明是古代位于墨西哥东南部、危地马拉和犹加敦半岛等中南美洲区域的文明。公元前200年至公元800年左右是玛雅文化最兴盛的时期，玛雅人发展了数百座城市，公元9世纪开始，古典玛雅文明的城邦突然同时走向衰败，至今仍是个谜。到公元10世纪，曾经繁荣的玛雅城市均被遗弃在丛林之中。

玛雅文明的辉煌与覆灭

盖伊·古廖塔

冥冥定数中，玛雅的辉煌在南墨西哥和中美洲的雨林大幕下缓缓展开。就在这里，古典时期的玛雅文明达到了令人难以置信的高度。为了给这个古典根源可回溯到 3000 年前的古老文化绘定坐标，我们先来考察新的证据，这些证据表明一位来自中墨西哥的军阀开创的新时代气势恢宏，留下诸如帕伦克王帕卡尔殡葬面具这样的伟大艺术品。神庙在丛林的黑暗混乱中拔地而起，表达着玛雅文化最为崇高的形式。然而王国之兴而必有衰，在故事的结尾，我们会看到一连串的天灾人祸如何加速古典玛雅的倾覆，只留下大自然重振伟力，收尽繁华。

来自异乡的枭雄

异乡人来的时候恰逢旱季，丛林小径开始变得干硬，军队得以通行。他在战士们的簇拥下进入玛雅的瓦卡城，走过神庙和集市，穿过宽阔的广场。瓦卡的居民们一定看得目瞪口呆，给他们留下深刻印象的不光是这般耀武扬威，还有这队人奢华的羽毛头饰、明晃晃的标枪和光可鉴人的盾牌——这些都是一座遥远王城的标志。

古老铭文记录了这一天的日期，按照公元纪年法是公元 378 年 1 月 8 日，异乡人的名字叫作"火之诞"。他作为墨西哥高地某个大国的使节，来到现今危地马拉境内的瓦卡。在接下来的几十年中，他的名字出现在玛雅全境各处纪念碑上。在他身后，玛雅这一中美洲的丛林文化登上了一个持续 500 年之久的高峰。

玛雅从来都是个谜。几十年前，玛雅废墟城市的辉煌，还有它们美丽却无人能破解的文字，引得很多研究者构想出一个由祭司和书吏构成的温良社会。后来碑铭学者终于学会解读玛雅象形文字，一幅远为黑暗的图景浮出水面，满是王朝之战与宫廷之争，被付之一炬的王宫大殿比比皆是。玛雅历史变成了一幅织锦，绣满了精确的日期和有名有姓的鲜活人物。

但深层谜团并未解开，其中一个谜就是：是什么推动玛雅文明最终达到辉煌的顶峰？差不多就在火之诞威名远播的时候，一股变革的潮流席卷玛雅世界。原来各自为政的城邦开始加强与邻国和其他文化的联系，它们所达到的高度艺术成就，成了玛雅古典时期的主要特征。

从蔓草丛生的废墟中挖掘出来、从新破解的文献中梳理而得的新线索，表明火之诞是这一变革的中心人物。尽管过去十年间浮现的新证据零碎残缺，却表明这位神秘的异乡人重新构建了玛雅世界的政治领袖制度。他外交和武力并用，广结联盟，设立新朝，将他所代表的偏远城邦（特奥蒂瓦坎大城，在现今的墨西哥城附近）的影响远播四方。

学者们对火之诞所遗影响的性质众说纷纭——他是开创了一个外族统治的漫长时代，还是催化了本土内在的变革？还有一种可能是，当时的玛雅已注定达成辉煌，火之诞只是选了个幸运的时机造访。但毫无疑问，他的到来成为了一个转折点。波恩大学的尼古拉·格鲁贝说："我不知道是不是火之诞创立了新体制，但故事一开始就有他。"

早在火之诞之前，玛雅文明已经在穷山恶水间达到出人意料的高度。今天，南墨西哥和危地马拉佩滕的低地地区所能生产的物资，仅能勉强维持其居民生存。范德堡大学研究玛雅文明的学者阿瑟·德马雷斯特说："高级文明根本不会出现在这里。"

古代瓦卡如今叫埃尔佩鲁，这里的环境跟第一批玛雅人到来时（大约公元前 1000 年）可能大致相仿：一片茂密的雨林，五彩的金刚鹦鹉、巨嘴鸟和秃鹰在高耸入云的热带阔叶树上筑巢；蜘蛛猴在树枝和藤蔓间来回跳跃，远处传来长毛吼猴的咆哮。佩滕地区一下雨蚊虫就如云团般孳生，今天的玛雅人必须得点燃巴西棕果制成的火把，用油烟驱蚊。在旱季，热气烘干了沼泽般的"巴搅斯"，即洼地，河水退落，干旱迫近。这是个弯刀和泥沼、毒蛇和汗水的世界，是猫科动物出没的所在，最惹眼的是叫作"巴兰"的美洲虎，它们是此处的"丛林之王"。

最初到达的先民可能别无选择，他们或许是因别处的人口拥挤，被逼入这个险恶的环境。但既来之，则安之，他们战胜了各种艰难险阻，在河流、湖泊和沼泽边居住下来，学会了如何让贫瘠的土地生产出最丰富的物产；他们辟出林地，用跟今天玛雅人相类似的刀耕火种的方法种植玉米、南瓜和其他作物，又用轮耕和休耕恢复地力。

随着人口的增长，他们开始采用更精耕细作的方法——堆制肥料、修筑梯田、引水灌溉。他们填平沼泽开辟农田，又从洼地担来淤泥和粪肥作为封闭式田园的肥料；人工池塘出产鱼类，圈栏里饲养着从森林捕来的鹿和其他猎物。古玛雅人终于从贫瘠的土地中获得了足够的物产，养活了数百万人口——足有现今该地区居民人数的好几倍。

数百年过去，随着玛雅人在雨林中繁荣兴旺，定居点逐渐扩展为城邦，文化也日益精致。玛雅人建造了有着拱顶和众多房间的典雅宫殿，神庙高达近百米，直冲云天；陶器、壁画和雕刻作品展现了他们繁复而多彩的独特艺术风格；尽管他们既不用轮子，也没有金属工具，却发展出了一套完整的象形文字，并掌握了零的概念，用在日常计算中；他们还有365天的纪年，精妙复杂到足以做出相当于闰年的调整；他们经常观望星象，能够预言日食；仪式建筑有精确的角度，从而使他们能在一年内特定的时间里面向日出或日落。

玛雅的君王们通天达地，被称为"库胡－阿乔"，意思是"圣主"，他们从众神那里得到权力，既是为宗教和意识形态做出解释的萨满巫师，又是在和平与战争时期领导人民的统治者。德马雷斯特和其他人曾把玛雅的各文化中心称作是"剧场国家"，库胡－阿乔在其中举行复杂的公众仪式，为日月星辰的运行、历法变动、王位更迭赋予形而上的意义。

在仪式大幕的背后，玛雅城邦的运作跟其他国家没有什么不同，他们结盟、征战，在广袤的领土上从事贸易，疆域从现今的墨西哥南部开始，穿过佩滕地区，最后延伸到洪都拉斯的加勒比海岸。熙熙攘攘的人群踩踏出来的小径和灰泥铺就的道路在森林中交错纵横，独木轻舟在河道内云集穿梭。但在火之诞到来之前，玛雅在政治上仍是四分五裂，各城邦在雨林里各行其道。

到了378年，瓦卡已经是个声名显赫的中心城市，拥有四个大广场、百余幢建筑、高达90米的神庙、彩绘灰泥涂饰的仪式宫殿，还有装点着石灰石雕刻的祭坛和纪念碑的庭院。瓦卡是贸易大城，在从佩滕腹地向西流出的圣佩德罗河上占据着重要的战略位置。集市上都是具有玛雅特色的食物，如玉米、豆子、辣椒和鳄梨。制造黏合剂用的树胶是从人心果树上收获而来的，还有从橡胶树上收获的橡胶，用来制作仪式比赛用球。异国情调的物品也开始流入瓦卡；雕刻用的玉石，制衣用的珠宝和凤尾绿咬鹃的羽毛来自南面的山区；制造武器的黑曜石和制镜的铜矿来自西面的墨西哥高原，那里是特奥蒂瓦坎的领地。

特奥蒂瓦坎是个占地广阔的大都市，有至少 10 万人，大概是当时世界上最大的城市。特奥蒂瓦坎没有留下能被碑铭学家解读的任何记录，但它把火之诞派往玛雅地区的目的看来很清楚。瓦卡坐落在一个岬角上，俯瞰圣佩德罗河的一条支流，港口防护良好，是停泊大型舟楫的绝佳之所。南卫理公会大学的考古学家、瓦卡发掘项目的副主管大卫·弗赖德尔说它是军事行动的"理想集结地"，这或许正是火之诞心中所想。

瓦卡看来正是此次出使的关键：为了把整个中佩滕地区纳入特奥蒂瓦坎的势力范围，如有可能则攻心，如有必要则攻城。火之诞的首要目标是瓦卡以东 80 公里的蒂卡尔，它是佩滕中部最有影响力的城邦。只要收服了蒂卡尔，其他城邦就会纷纷归降。

火之诞的士兵可能是突击部队，主要是为展现其诚心和善意。他还需要增援，瓦卡之行就是为了招兵。作为回报，瓦卡可以和火之诞的宗主建立友好关系，这位神秘的统治者在碑铭中叫"掷矛枭"，可能是高地地区的国王，甚至可能就是特奥蒂瓦坎的主人。

瓦卡的统治者"日面虎"看来对火之诞表示欢迎。弗赖德尔连同项目另一位副主管埃克托尔·埃斯科韦多、碑铭学家斯坦利·京特根据瓦卡和其他地方碑铭文字提供的线索，提出这两位统治者建造了一座火焰神殿来存放特奥蒂瓦坎的圣火，从而缔结了双方的盟约。

除了道义上的支持，火之诞还可能获得了兵力支持。他的远征部队可能携带着特奥蒂瓦坎特有的掷矛器和标枪，佩戴的护背甲上覆了一层闪闪发光的铜，可能就是为了在士兵转身投掷武器时晃花敌人的眼睛。现在，装备有石斧和短矛的佩滕战士又大大提升了兵力。很多人穿着衬里塞满岩盐的棉背心作为盔甲，1100 年后，西班牙征服者进入溽热难当的热带雨林，也纷纷脱去金属盔甲，换上了这种玛雅式"防弹衣"。

远征部队最有可能乘战舟往东，溯圣佩德罗河而上，向蒂卡尔进发。到达上游后，士兵们弃舟登岸，沿河岸与河谷边缘向前挺进。

这条路线上可能分散驻扎着守卫部队。敌军压境的消息一定已经传到了蒂卡尔，在河岸或道路沿途的某个地方，或许是距蒂卡尔城 25 公里的一处悬崖断壁，蒂卡尔军队曾试图阻挡火之诞的进犯。后来，在蒂卡尔立有刻写铭文的石板（被称为柱碑），记录说防卫军队溃败。火之诞的部队继续向蒂卡尔挺进，公元 378 年 1 月 16 日，也就是火之诞抵达瓦卡短短一周后，这位征服者驾临蒂卡尔。

现已闻名于世的蒂卡尔第 31 号柱碑记录下这一日期。柱碑在 2000 年被得克萨斯大学奥斯汀分校的大卫·斯图尔特成功解读，这也是反映火之诞重要性的早期线索。柱碑上的第二段记录了蒂卡尔城陷落后发生的事情：蒂卡尔的国王大虎爪在那天死去，可能就是死于征服者之手。

看来火之诞已经抛弃了他的亲善大使的伪装。他的部队摧毁了蒂卡尔原有的大部分纪念碑，也就是蒂卡尔此前 14 位统治者竖立的柱碑。新的时代开始了，后来的纪念碑对胜利者歌功颂德。多年之后竖立的第 31 号柱碑将火之诞描述为"奥金－卡鲁姆特"，意思是"西方之君"，可能指他来自特奥蒂瓦坎。还有些玛雅专家提出另一种意义，说火之诞代表多年前大虎爪之父发动政变后被迫逃往西方（也就是特奥蒂瓦坎）的一个小宗派，现在他们为了夺权卷土重来。

火之诞显然费了些时间才安抚好蒂卡尔及其周边的百姓。但在他来此一年后，蒂卡尔的纪念碑上记录说他主持了一位外国新王的登基大典，铭文记录他是特奥蒂瓦坎宗主掷矛枭的儿子。第 31 号柱碑说新王还不满 20 岁，所以火之诞很有可能成为蒂卡尔的摄政王，他显然是这个城邦实际上的最高统治者。

在被征服后的岁月里，蒂卡尔自己也走上侵略道路——在玛雅全境扩张势力范围。由此看来，火之诞正是征伐大业的总设计师，或者至少是积极鼓动者。人们甚至在西北方向二百五十多公里外的帕伦克碑铭中辨认出和他有关的信息。但他创建帝国的宏图大业最有力的见证，出自距离蒂卡尔 20 公里外的瓦哈克通，那里有一幅壁画，描绘一位玛雅贵族向特奥蒂瓦坎装束的战士致敬，这个战士可能就出自火之诞麾下。还有一处墓穴的守护柱碑上也绘有类似的战士图案，考古学家在墓中发现了两名妇女（一为孕妇）、一个孩子和一个婴儿的残骸。弗赖德尔等人得出结论说，这些是被蒂卡尔军队杀害的瓦哈克通皇室遗骸。他们推测瓦哈克通的国王可能被掳往蒂卡尔献祭。

火之诞到达蒂卡尔几十年后，尽管他已经死了很久，蒂卡尔黩武的统治者们，依然凭着火之诞及其宗主特奥蒂瓦坎的名字四处征伐。在 426 年，蒂卡尔征服了南面 270 公里外的科潘（今洪都拉斯境内），并加冕了自己的国王——"金尼希 - 雅克斯 - 库克 - 墨"，他成为新一代王朝的开创者。身后留下的画像表现他穿着中墨西哥的典型服饰，令人联想到特奥蒂瓦坎，他也跟火之诞一样有着"西方之君"的名号。

　　有些玛雅学者认为，当时的蒂卡尔是特奥蒂瓦坎的附庸国，为后者在玛雅低地各处扩张霸权，而火之诞就是某种类型的军事总督。其他学者则认为，与其说火之诞是个征服者，倒不如说他是一剂催化剂，推动蒂卡尔扩张自己的势力和影响。

　　火之诞的结局是个谜。现在并没有关于他准确死亡时间的记录，也没有证据表明他曾做过玛雅某国的君主。但他的威名流传久远，记录他到来的瓦卡柱碑直到一代人过去之后才竖立起来，表明即便伟大的火之诞到访已是陈年往事，仍令民众引以为荣。

　　在他身后，玛雅再也不复原貌。后来的统治者将蒂卡尔变成了玛雅的"超级大国"（尼古拉·格鲁贝和宾夕法尼亚大学博物馆的西蒙·马丁语）。无论是在宗教上还是在艺术上，古典时期的玛雅开始接纳外来的特色和主题，这也使得原已欣欣向荣的文化更加博大精深。

　　很快，政局的新发展进一步推动了文化繁荣。在 6 世纪，佩滕以北城邦"坎"（意思是"蛇"）的各位君王定都卡拉克穆尔，开始了自己的扩张。卡拉克穆尔逐渐强大以至于挑战蒂卡尔的霸权，双方的对峙将玛雅世界一分为二。跟 20 世纪的"冷战"一样，这场竞赛虽然埋下紧张和争斗的种子，却也推动它们达到成就的巅峰。但跟我们的"冷战"不同，玛雅的"冷战"最终以灾难收场。

兄弟致命的对峙

　　公元 800 年的某一天，平静的玛雅城市坎古恩正在酝酿一场风暴。国王坎·马科斯一定已经预感到大难即将临头，因为他曾试图在有两百多个房间的皇宫通路上修筑一个临时防御工事。还未完成，大限已至。

入侵者很快攻陷了坎古恩城的周边地区，随即蜂拥进入城市中心，那是举行宗教仪式的场所。攻击之迅速即使在今天看来也显而易见：未完工的建造工程保持着残垣断壁，雕刻到一半的石碑胡乱弃置在路上，御厨房里瓶瓶罐罐扔得到处都是。

入侵者掳了 31 名俘虏，在遗骸旁边发现的珠宝和饰物表明他们身为贵族，可能就是坎·马科斯大家族的成员，或从别处沦陷城邦逃来的皇室客人。被掳者中有女人和孩子，其中有两名孕妇。

这些人都被带到宫殿的一块仪式场地上，遭到集体屠杀。杀人者挥舞长矛和斧头，将受害者刺死或斩首，把尸体扔进皇宫的蓄水池里。蓄水池约 9 米长，3 米深，有红灰泥涂面，从地下泉引水。身着礼服，佩戴贵重饰品的受害者尸体恰好填满一池。坎·马科斯和他的王后也未能幸免。在蓄水池 90 米外的地方，国王夫妇被埋葬在 60 厘米厚的建筑碎石中，这些碎石本是用来整修宫殿的。国王还戴着他精巧的礼冠和珍珠母项链，考古学家由此确认他就是坎古恩的圣主。

没人知道凶手是谁，也不知道他们想要什么。他们似乎对战利品不感兴趣。没人去动那 3600 块玉（包括好几块大玉石），皇宫中的家居物品和坎古恩巨大厨房里的陶器都安然无恙。但是，对过去几年在此发掘物证的考古学家来说，入侵者的意图十分明显。范德堡大学的考古学家阿瑟·德马雷斯特说，他们把尸体沉入蓄水池中，是为了"断水绝源"。他们还把坎古恩石碑上所有的雕像面部全部凿去，又把石碑面向泥土推倒。德马雷斯特说："这地方是被'仪式地'杀死了。"

现今危地马拉境内的帕西翁河谷是古玛雅的心脏地带，坎古恩是这里一连串多米诺骨牌中最后倒下的几张大牌之一。很多城邦已经遭遇了类似不可更改的结局，在整个中美洲南部低地，后来人们所说的"古典玛雅灭亡"进程正摧枯拉朽。500年来支配着这一地区的玛雅文明陷入持久而不可逆转的衰退。一些曾经生机勃勃的城邦因战争而灭亡，另一些则悄然褪色直至消失。曾经用壁画、雕像、建筑铭记自己一言一行的圣主们——"库胡－阿乔"，不再有新的功业。公开展示的象形文字越来越稀少，纪念碑上的玛雅"长历法"的日期几乎彻底消失，人口急剧减少。贵族们抛宫弃殿后，占住者搬了进来，他们在昔日的王庭上点火煮饭，又倚着残破的宫墙搭建坡屋。后来，连这些占住者也搬走了，废墟重又被丛林覆盖。

在危地马拉的佩滕低地以及南墨西哥的其他地方，衰落耗时较长。就在坎古恩土崩瓦解的时候，佩滕北部的强大城邦蒂卡尔还在大兴土木建造仪式性建筑。但30年后，蒂卡尔的人口也开始急剧减少。该城最后一块刻有日期的纪念碑在公元869年刻成。到了1000年，古典玛雅已不复存在。

19世纪，探险家开始发现佩滕地区的"失落城邦"，从那时起就有个问题一直困扰着学者和公众：作为古代世界最伟大的文明之一，玛雅怎么会就这样灰飞烟灭？早期的假说多集中在突发灾难上：可能是火山爆发、地震、致命的飓风，或者是一场神秘的、今天已无迹可寻的疾病，类似于中世纪肆虐欧洲的黑死病，或是殖民时代发轫之初重创美洲原住民的天花。但是现代的研究者已经放弃了这些"单一事件"理论，因为这一崩溃过程延续了至少200年。南伊利诺伊大学的普鲁登丝·M.赖斯说："没有哪个单一因素能让所有人同意。"

学者们转而着眼于玛雅世界不同地区遭遇困苦的综合因素，包括人口过剩、环境破坏、饥荒和干旱等。赖斯说："看完以后你会觉得，凡是能出的问题都出了。"他们还把注意力集中在一件事情上——在漫长的衰落过程中，它似乎在各地都有发生：随着资源逐渐紧缺，"库胡－阿乔"神圣的光环不再，臣民们（无论贵族还是平民）对他们的信心也随之减退。动荡和绝望反过来又点燃了更多涂炭生灵的战火，原来只为赢得荣誉或获取俘虏的仪式化战斗，现在却变成了不时爆发的野蛮杀戮。毁灭坎古恩的这场战争就是一例。宾夕法尼亚大学博物馆的西蒙·马丁说："整个体系崩溃了，天下大乱。"

在一千多年的岁月里，玛雅人将他们宗教和人世的福祉交托在圣主手上。这些领袖们则通过各种手段展示他们的无所不能和尊荣高贵：奢华的仪式和庆典；富丽堂皇的艺术和建筑；石头、壁画、陶器上的象形文字铭记着他们的丰功伟绩。

只要这片土地还能够满足人民的基本需要，这个体系就能成功存续。事实上，它的富足创造了辉煌的艺术和知识成就，玛雅文化因此被定义为古代世界最伟大的文化之一。一开始并不太难，那时城邦尚小，资源相对丰裕，但随着时间的推移，人口不断增长、贵族阶级膨胀，加之城邦间争斗愈烈，环境压力达到极限。

从地理条件上来看，现今的佩滕是危地马拉第一大省，36.7 万人口居住在森林荒野间星星点点分散的城镇里。有人估计 8 世纪时，玛雅低地的人口曾达到 1000 万。这片土地几乎全部由密集耕作的农场、花园和村庄绵延交织而成，阡陌纵横、铺道穿梭，连接起各大城邦。

玛雅的农夫们熟练掌握了复杂的农业技术，能从孱弱的热带土壤中获得最大的物产。但对湖床沉积物的研究表明，自 9 世纪始，一连串的持久干旱袭击了玛雅世界，像蒂卡尔这样的城邦，既要依靠雨水作为饮用水，又要用雨水灌溉农夫种植作物的"巴搅斯"沼泽田，受到的打击尤为巨大。坎古恩这样的河港或许能免于缺水之苦，但在玛雅全境的大多数地区，湖床沉积物中还显示有古老的腐蚀土层，这是森林被砍伐、土地过度使用的见证。

艰难岁月中，"库胡－阿乔"很少能为人民做些什么。单作农业（种植一种主要作物，可以积累和储存，以备饥年或贸易）在雨林中无法维持。取而代之的是每个城邦少量生产多种作物，如玉米、豆子、南瓜和可可，这虽然足够解决一个王国的吃饭问题（至少最初是这样），但也所剩无几。

与此同时，玛雅的社会结构日趋头重脚轻。随着时间的推移，精英阶层的一夫多妻和皇族姻亲通婚令统治阶级极度膨胀。贵族要通过玉器、贝壳、异域的凤尾绿咬鹃鸟羽、华丽的陶器以及其他昂贵的礼仪装备，来确定他们在玛雅体系中的地位。一位不能满足亲戚们要求的国王，就会面临众叛亲离的危险。

各国间的世仇宿怨使事态雪上加霜，库胡－阿乔竭尽全力超越邻国，庙宇越盖越宏大，宫殿越建越精美，公众庆典越办越繁复。但所有这些都要求有更多的劳力，也就要求有更多的人口，也许还要求有更多的战争，以便从败北的敌人那里榨取劳力。如此重负下，玛雅的政治体系开始摇摇欲坠。

在所有的争斗中，有一场最伟大的对抗，在推动古典时期玛雅达到巅峰的同时，也将玛雅世界撕成碎片。自5世纪开始，或许是在与墨西哥高地大国特奥蒂瓦坎结盟的推动下，蒂卡尔城邦不断扩张势力，大举南侵，穿越帕西翁河谷直至今天洪都拉斯境内的科潘，一路广结联盟、收纳臣邦。100年后，挑战者兴起：位于现今墨西哥坎佩切低地的北方城邦卡拉克穆尔，与佩滕地区诸城邦结为联盟，这一地区北起尤卡坦，东到现今的伯利兹。两大联盟相互对峙，敌对时间持续超过 130 年。

这一时期标志着古典时期玛雅文明的黄金时代。在两大联盟中，各城邦中"库胡－阿乔"的权势达到鼎盛期，他们在艺术作品和石碑建筑上相互竞争，也在频繁但规模有限的战争中角逐高下。562 年，卡拉克穆尔在一场大战中击败了蒂卡尔，但既没有毁其城池，也未曾灭其人民。最后蒂卡尔逐渐恢复元气，又战胜了卡拉克穆尔，蒂卡尔辉煌的纪念碑中有很多就是在此后建造的。

西蒙·马丁和波恩大学的尼古拉·格鲁贝将蒂卡尔与卡拉克穆尔的争斗比作 20 世纪超级大国之间的竞争，当时美国和苏联在从军备到太空旅行的各个领域都企图压倒对方。由于没有哪一方能占据上风，冷战带来了稳定（这种观点也颇有争议），玛雅世界的对峙也是这样。危地马拉考古学家埃克托尔·埃斯科韦多说，争斗导致了"一定程度的破坏，但也有平衡"。

平衡并未持久。马丁认为这一平衡可能存在内在不稳定因素，就如同古希腊城邦间的争斗，或是南北战争前美国南北双方小心翼翼的相互试探。还有可能，豪奢的玛雅诸国最终不堪重负，引发了彼此间前所未有的对抗。无论是哪种可能，玛雅的倾覆就在坎古恩的帕西翁河下游的卫戍小国多斯皮拉斯拉开了序幕。

630 年，蒂卡尔试图在日益被卡拉克穆尔把持的帕西翁河贸易通道上重建势力范围，于是在两处大泉（西班牙语叫作"皮拉斯"）附近对原有的前哨驻地进行扩建。此地除了泉水别无可取之处。多斯皮拉斯既不种庄稼也不做买卖，要依靠周边乡村的进贡维持运转，学者们称之为"掠食之城"。对多斯皮拉斯城来说，战争不仅是荣耀君王和讨好神祇的仪式，更是该城赖以生存的手段。

这个王国凶残暴力和两面三刀的历史始于 635 年，就在那一年，蒂卡尔拥立自己的一位王子巴拉吉－臣－克瓦依尔做了多斯皮拉斯的国君。这个卫戍小城用雕花的墙面遮掩内里松散不稳的建筑材料为年轻的王子拼凑了一座外观奢华的都城。但在 658 年，卡拉克穆尔击败多斯皮拉斯，巴拉吉－臣－克瓦依尔被逐流亡。

我们对接下来的一章有所知晓，全要感谢 6 年前一场暴风雨摧折了多斯皮拉斯的一棵大树，露出树根下隐藏的一段雕花阶梯。阶梯上的铭文显示巴拉吉－臣－克瓦依尔在流亡两年后回归故地，却是作为卡拉克穆尔的傀儡。多斯皮拉斯国王变节投敌，在接下来的 20 年中，帮着卡拉克穆尔巩固了它在帕西翁河谷的统治。然后，卡拉克穆尔发出死亡令：国王命巴拉吉－臣－克瓦依尔率兵攻打他在蒂卡尔的亲哥哥。

679 年，巴拉吉－臣－克瓦依尔对故国反戈一击。楼梯铭文记载："骸髅堆积如山，血流成河。"巴拉吉－臣－克瓦依尔取得了胜利，其兄阵亡。这场胜利将卡拉克穆尔带至权力巅峰，并让多斯皮拉斯成为佩滕西南部的皮特克斯巴顿地区的霸主。

蒂卡尔劫后余生，再图振兴，此事过后不到 20 年，它便反攻卡拉克穆尔并战而胜之。蒂卡尔中央卫城的灰泥雕塑描绘了一位卡拉克穆尔贵族如待祭的羔羊。卡拉克穆尔再未从这次失败中恢复元气，但战争最终结束后，蒂卡尔也一蹶不振。宾夕法尼亚大学的罗伯特·夏尔说："尽管蒂卡尔笑到了最后，却再无能力把持一切。"

接下来发生的事情还不完全明朗，卡拉克穆尔的霸权已然粉碎，但它包括多斯皮拉斯城在内的盟国继续以卡拉克穆尔之名与蒂卡尔交兵。

多斯皮拉斯通过结盟和战争，巩固了自己在皮特克斯巴顿地区的霸权。它的统治者继续下令兴造新碑，还建起了第二座都城。

但多斯皮拉斯也在761年耗尽了运气。从前的盟友和属国攻占了城市，国王被迫流亡。多斯皮拉斯再未重生，随着它的彻底消失，玛雅世界走过了一道分水岭。战争并没有重建秩序，而是造成了更大的混乱。决定性的战役中并没有产生唯我独尊的王者，每次冲突只造就出更多觊觎王位的人。胜利不再激励人们建造新的石碑和庙宇，而是转瞬即逝。失败促使绝望的人民拆毁他们的仪式建筑，将石块和建筑材料用来建造防御堡垒，期冀将来能延缓敌军的进犯。城市也不再从废墟中重建和振兴，而是干脆就此消亡。

在不断蔓延的混乱中，较小的国家竭力自保，却无一幸免。与此相反，交战的各国都想在资源日益枯竭的土地上图一时之利。普通民众多半或藏或逃，抑或一命呜呼。

在一段时期内，逃亡的各国贵族还可以在帕西翁河上游的港口坎古恩寻求庇护。8世纪，正当下游各城邦纷纷陷入兵荒马乱时，坎古恩却能通过奢侈品贸易和为贵客提供奢华居所而繁荣兴旺。这一黄金时代的设计师就是塔-臣-阿克王，他在757年登基时年仅15岁。坎古恩作为战略贸易重镇的历史源远流长，但塔-臣-阿克将这个城市变成了一个令人赞叹的仪式中心。它的核心是一座面积为2.5万平方米的三层皇宫，有着拱顶和11个院落，全用坚固的石灰石建成，优雅地坐落在河畔岬角上。这里是玛雅神君的理想舞台，虽然这一角色在别处已然行将就木，塔-臣-阿克却演绎得炉火纯青。

没有证据显示塔-臣-阿克曾经参与过任何一场战争，或是赢得过任何一次战役。相反，他成功地统治帕西翁河上游近 40 年，全是靠充当保护人和结盟哄骗来的好处。坎古恩的一座标记年代为 790 年的祭坛石碑描绘了他在大展拳脚：他正跟一位不知名的贵族进行仪式球赛，可能是为了庆祝条约签署或是国事访问。

公元 795 年，塔－臣－阿克亡故，他的儿子坎－马科斯继位后，试图扩建皇宫、功盖其父。但是虚文浮礼和繁文缛节——国君古老的驭民之术——再也无力维持玛雅世界的完整。五年之后，蔓延的混乱终于来到坎古恩门口。在某个灾难的一天，它的辉煌燃尽，古典玛雅世界的又一盏明灯熄灭了。

编后絮语

埃里克·汤普森的第三个错误，属于那种"可爱的错误"

在征服美洲的过程中，西班牙人虽然发现玛雅人拥有一种奇特的文字，但他们对此并不感兴趣，只把它看成是一种异教徒的原始文字。主教兰达将这些异教徒的文字统统收集起来并付之一炬。在这场文化浩劫中，只有四本手抄本书籍幸存下来，它们要在接下来的几百年中才会被世人陆续重新发现。从 1810 年开始到 19 世纪中叶，这四本手抄本中的三本——《德累斯顿手抄本》《马德里手抄本》和《巴黎手抄本》接连被人发现。《格罗列尔抄本》则到了 20 世纪 70 年代才被找到。也就是说，截止到今天，全世界只有 4 本玛雅书籍，其中比较完整的一本是《德累斯顿手抄本》，破译玛雅文字的工作便从这本书开始。

　　第一个做出贡献的人叫康斯坦丁·拉方斯克，是 19 世纪欧洲一位著名的通才。他研究了《德累斯顿手抄本》，断定玛雅文字中出现的点和线代表数字，并由此破解了玛雅的数字系统。20 世纪初期，美国考古学家埃里克·汤普森收集了当时能够找到的所有玛雅文字资料，从中找出 800 多个不同的单字并一一编号。这套系统一直沿用至今，被称为"汤式编码"，汤普森也因为这一成就被公认为玛雅文字研究界的权威。他是表意派的领袖，拒绝接受一切玛雅文字可能是表音文字的观点。就在汤姆森率领表意派统治学术界的时候，一位苏联人却对玛雅文字做出了截然相反的解释。

　　这个苏联人的名字叫作尤里·科诺罗佐夫。科诺罗佐夫踏入玛雅学领域的过程比电影情节更戏剧性：1945 年，他作为一名红军战士攻入纳粹德国的首都柏林，并在柏林图书馆中得到了一本包括玛雅文字三份手抄本的书籍。返回苏联后，科诺罗佐夫进入大学学习并开始研究玛雅文字。科诺罗佐夫认为：玛雅文字并非是百分之百的表意文字，而是一种表音和表意相结合的混合文字。1952 年，科诺罗佐夫的研究成果发表，汤姆森出于意识形态偏见，对科诺罗佐夫进行大肆攻击，国际上很多学者也没有在第一时间接受他的观点。科诺罗佐夫虽然得出了正确的结论，但这个结论却只能暂时躲在"冷战"铁幕之后。

　　作为公认的玛雅文字研究界的权威，汤普森犯了两个错误：第一，他错误地认为苏联语言学家尤里·科诺罗佐夫的研究是苏联政府的"政治宣传"，因此毫无价值。而科诺罗佐夫认为玛雅文字具有表意和表音两部分，有些符号完全就是表音的，没有实际意义。事后证明科诺罗佐夫的看法原则上是正确的。不过，汤普森最后公开承认了自己的错误，这对他在玛雅研究历史上的地位没有影响。第二，他错误地认为玛雅文字记载的全都是关于天文和历法的内容，以及关于神灵的图腾符号，没有现实意义。纠正这个错误的，是美国女学者塔提亚娜·普洛斯克里亚科夫。

塔提亚娜·普洛斯克里亚科夫是一位美籍俄罗斯裔女建筑师。她大学毕业后正赶上美国经济大萧条，找不到工作，便来到墨西哥帮助考古学家绘制玛雅古城的想象图，一干就是两年。正因为在古城遗址工作的经验，使她注意到玛雅金字塔前石碑的位置和碑文之间存在某种对应关系，并从中推断出石碑上刻着的玛雅文字并不是毫无意义的图腾符号，而是记录着王公贵族们的生平年代。由此看来，玛雅人的故事，就不只仰望星空那么单调而虚幻了。在那片土地上究竟发生过什么，人与人之间、部落与部落之间究竟发生过什么，也就渐渐地有迹可循了。科学研究工作，就是在这样的不断探究和否定中接近真相。

事实上，汤普森还犯过第三个错误。我们知道，他曾错误地认为玛雅文字记载的全都是关于天文和历法的内容，以及关于神灵的图腾符号，没有现实意义。按常理，错上加错属于认知常态。所以，汤普森从上面的错误认知中又得出了另外一个错误结论：他认为，玛雅人是善于与大自然和谐相处，忠于信仰、爱好和平的民族。这个错误，后来也得到了纠正。美国一位考古学家在墨西哥波拿蒙派克的一处玛雅古迹发现了玛雅壁画，刻画了玛雅人残酷的战争场面。这件事及后来一系列发现都证明，玛雅人并不是大家想象中的爱好和平的纯真民族，而是和所有原始文明一样，充满了血腥和愚昧。

应该说，埃里克·汤普森的第三个错误，属于"可爱的错误"。显然，他对原始文明的"血腥和愚昧"视而不见，在研究工作中发生了选择性失明。不过，人们一般认为他这样做是有原因的，因而也是可以理解的。他之所以这么做，部分原因在于他刚刚经历了两次世界大战，对人类感到绝望，很希望玛雅文明能够为人类社会的发展提供新的方向。换句话说，他把自己内心关于乌托邦的向往全都附加在了玛雅人身上。这种"移情"现象，在很多人身上都发生过。譬如中国的老子、庄子，就曾经把远古时世想象为"甘其食，美其服，安其居，乐其俗"的"至德之世"，以寄托自己对美好社会的纯真理想。

延伸阅读

- 任雪芳《印第安人史话》
- 洪学敏、张振洲《美洲印第安宗教与文化》
- 路易斯·亨利·摩尔根《美洲土著的房屋和家庭生活》
- 林恩·福斯特《探索玛雅文明》
- 文昊《湮没在森林的奇迹：古玛雅的智慧之光》

精彩快读

- 一张秘鲁地图比任何含糊或抽象的理论都更能说明秘鲁的地方意识。

- 欧美的炸土豆片实际上是最不可取的食用方法，它会产生有害物质，目前美国已经禁止在炸土豆片的包装上做针对儿童消费者的宣传。而在安第斯山区，自古以来就有烤、煮、风干等多种传统吃法。

- 这样的脱水食品对自远古以来的原住民，对在一个世纪里养育了100万平方公里地域里的1200万人口、囊括了半个南美的印卡古国塔万廷苏约（即"四方之国"）至关重要！各处的粮仓里储备的是它，漫长的寒冬靠的是它，经年的征战靠的是它，间或的灾年靠的还是它！

- 这种现象一方面反映了"全球化"初期种种变异引起的恐慌心理，但更重要的是，它反映了欧洲根深蒂固的、随着美洲的"发现"格外流行起来的文化偏见和欧洲优越论。

背景介绍

土豆，与小麦、水稻和玉米构成了人类文明的四大支柱。土豆原产于南美洲安第斯山区，人工栽培历史最早可追溯到大约公元前8000年到公元前5000年的秘鲁南部地区。土豆被称为全世界"穷人的面包"，对解决世界饥馑功不可没。

全球化进程中的拉丁美洲传统作物：土豆篇

索飒

访问秘鲁国际土豆研究中心

早晨与秘鲁朋友图米在遥对着中国的利马海滨会面。没说几句，图米就掏出笔，在我们的记录本上画简图，讲解秘鲁地理。Z的直觉很准确，秘鲁是一个地形区分比较清晰的国家，所以人们习惯用线条图解概念。Z认为想在一个月内了解一个国家，最好选择这样的国度。

这是第二次秘鲁人为我们画图描述，第一次是去秘鲁前在墨西哥拜访秘鲁访问学者卡门罗莎。她坐在我们对面，像图米一样，画出两道线，将纸倒过来，一张秘鲁地形图出现在我们眼前：沿海、山区、热带雨林。不仅是地形区划，这里面学问很多，就像深谙祖国国情的秘鲁共产党创始人马里亚特吉所说："一张秘鲁地图比任何含糊或抽象的理论都更能说明秘鲁的地方意识。"

完成了对国情的介绍，图米问我们："我能为你们做些什么呢？"

要做一点解释。为了不辜负不远万里来到的美洲，我设计了一个详细的研究计划："全球化进程中的拉丁美洲传统作物"，具体案例为墨西哥玉米－秘鲁土豆－古巴的烟草加甘蔗。我希望以微薄的一国奖学金为基础，多观察几个拉美国家。这个计划还涉及了我们"摆脱城市、走向农村"的意图。

于是，名正言顺，抵达秘鲁的第一个项目就是拜访著名的国际土豆研究中心。学者图米拿出了他"前记者"的功底，迅速拨通了电话，为我们联系好当天下午前往参观。临行前图米留下一条提醒："对接待者，不问其真实头衔，一律称 señor ingeniero（工程师先生），就像对文科人士一律称 doctor（博士），最起码也要称 licenciado（学士）。"我们会心地笑了，早在不少拉美电影中我就领会了这条前殖民地的宝贵遗产。图米有课不能陪同前往，他周到地把我们送上出租车，说好 15 索尔（秘鲁货币）双程，并嘱咐我们，研究中心地处偏远，初来乍到，一定小心。

幸运的是，接待我们的萨拉斯工程师先生既认真又和气，还非常权威。

秘鲁是土豆的发源地，因此这个国际研究中心地位很高，已过花甲之年的萨拉斯是这里最重要的研究人员之一。萨拉斯把我们领到一排地图前，很专业地介绍道：土豆的科学名称是"solanum tuberosum"，我们拉丁美洲人称它为 papa，这是一个克丘亚（quechua，安第斯山区主要印第安语言之一）词汇，在西班牙，它被叫作 patata。北起美国的亚利桑那州、新墨西哥州，南至阿根廷，整个美洲都有土豆，但在秘鲁和玻利维亚一带最为集中。不像玉米的发源地至今扑朔迷离，土豆的发源地已经得到确凿的证实。根据我们与美国威斯康星大学教授共同研究的最新成果：土豆的发源地具体位于秘鲁的普诺与库斯科之间的地区，也就是世界上最高的通航淡水湖的的喀喀湖一带。土豆已有 10000 年历史，它可以在从海平面到海拔 4500 米的不同高度上生长。野生土豆有 188 个品种，从其中的一个品种中产生出了人工培育的 8 大类土豆，又从这 8 大类中产生了 4000 个不同品种，而在普诺和库斯科之间的地区就有 2000 个品种。也就是说，世界上 50% 的土豆品种都能在这个地区找到，这也是发源地的证据之一。这 4000 个品种中的每一种都含有丰富的营养，每一种都产生了文化价值。在人类发展史上，两河流域的小麦、中国的水稻、玛雅人的玉米和秘鲁的土豆是四大文明支柱。

"都是穷人的国度！"我们一起感叹道。

作为土豆专家，萨拉斯工程师认真地对我们进行普及性讲解，这倒真是一种第三世界知识分子的态度，尽管从他的口中不断冒出"花色甙"（antociánico）、"分子"（molécula）、"生物碱"（alcaloide）这类费解的专业词汇。当他听说 papa 在中国沿海地区被称作"土豆"，在西北山区被称作"洋芋"，还有山药蛋、地蛋、荷兰薯等多种别名；当他听说我们经常去中国的土豆之乡旅行，有很多种土豆的朋友，那里的农民以土豆收入估算一年的开销时，更加兴趣盎然。

"你们等一会儿。"身材矮小却很敦实的工程师转身走出去。不一会儿，几个土豆的样本出现在桌上，有一个切开的土豆，呈现出一圈圈晕染似的蓝色内里。Z 惊呼道："呵，可真想让我们的农民兄弟见识一下啊！"

"尽管所有的国家都有土豆，但安第斯山区的黑色土豆和蓝色土豆含有更多的抗氧、抗癌物质。目前世界上倾向于发展有色土豆，现在美国的 blueberry 有色土豆价格昂贵，而安第斯山有色土豆抗癌成分高出美国这个品种十倍。"

"那为什么白土豆传播得这么普遍呢？"我们不约而同地问。

"那是因为欧洲的炸土豆片食用法促进了白色土豆的传播。"

提起土豆的食用方法，萨拉斯不仅是内行，还是一个很有感情的本土主义者。

"欧美的炸土豆片实际上是最不可取的食用方法，它会产生有害物质，目前美国已经禁止在炸土豆片的包装上做针对儿童消费者的宣传。而在我们安第斯山区，自古以来就有烤、煮、风干等多种传统吃法。比如，在土豆收获季节，农民们在地边挖个土坑，放上烧热的石头来烤熟土豆，也可以在里面加上白薯、玉米、南瓜等。在克丘亚语中，就是'土坑烧烤'的意思；pacha-manca 的意思是'地锅'，前者是'大地'，后者是'锅'。"

"至今人们在土豆收获的季节还会说：'嘿，我们来挖个地锅吧'（¡Vamos a hacer la pacha-manca!），或者'请我吃烤土豆吧'（¡Invítame a la watia!）！"萨拉斯说起来的时候绘声绘色，好像回到了他的安第斯山老家。萨拉斯在向我们介绍一系列可以瞻仰印卡人梯田、"前哥伦布"（precolombino，这是个经常要提及的、颇具文化意味且不乏意识形态色彩的美洲史词汇）时期水利工程和土豆盛况的地点时，确实没有忘记他的故乡帕里纳科恰。

Z 说，自己写过一部中篇小说，小说的结尾是农民在碎石片上烤洋芋，并且画过一幅这样的油画，萨拉斯高兴得像遇见了他乡知音。我想，在某种层次上，萨拉斯与我们这样的土豆学准文盲，也许比与威斯康星的教授有更多的共同语言。

萨拉斯对土豆的痴迷充满了蛊惑力，什么煮土豆的水能治肾结石，土豆皮中的维生素 C 比柠檬中还多……我开始考虑以后吃土豆不削皮。

然而，这堂课里最大的收获还是关于风干土豆的知识，它有一个发音很别致的、克丘亚人和艾马拉人共同使用的名称："丘纽"（chuño）。作为高山民族，安第斯山人能够在海拔四五千米的地方常年生活，因而他们的食物具有高山特点。不同的海拔造成了土豆类别的不同，生长在海拔 3600 米以下的是甜土豆，海拔 3900 米至 4500 米的是含有生物碱的苦土豆，而海拔 3000 米以上的土豆就能抗冻。

在夜晚零下 10℃、白昼 35℃的高海拔地区，农民发明了以苦土豆为原料的"风干土豆"：白天把土豆摊开在阳光下风干晾晒，夜晚让它们在寒冷中接受冰冻，再经过脚踩进一步脱水，只能储存一年的新鲜苦土豆就变成了可以保存 20 年的风干甜土豆。这样的脱水食品对自古以来的原住民，对在一个世纪里养育了 100 万平方公里地域里的 1200 万人口、囊括了半个南美的印卡古国塔万廷苏约（即"四方之国"）至关重要！各处的粮仓里储备的是它，漫长的寒冬靠的是它，经年的征战靠的是它，间或灾年靠的还是它！据此，有一位研究前哥伦布时代秘鲁食品问题的德国学者汉斯·霍克海默尔在《前西班牙的秘鲁：饮食及对食品的获取》一书中曾指出，安第斯山的印卡是一个"居安思危"的民族：

> 与那些屠宰动物取乐、无必要地耗尽储备的西班牙人不同，
> 也与今天那些竭尽自然资源、埋葬自身权力之基础的现代国家
> 不同，印卡人总是想着明天。

16 世纪的文献记载了一个塞维利亚士兵的描述：殖民地时期许多西班牙人靠把风干土豆运到玻利维亚的波托西银矿卖给矿工发了大财，西班牙殖民当局当时划分的"秘鲁总督区"包括今天的玻利维亚。

对于如此可爱的食物，有一则美丽的传说：10000 年前，一个古代人行走在八月的骄阳下，饥渴难忍，发现土底下有块茎状植物，挖出来一尝，太苦，扔在了地面上。经过漫长的日晒冰冻，第一块风干土豆就这样诞生了。直到今天，秘鲁南部 20% 的人口（300 万人）和相当一部分玻利维亚山民仍然食用风干土豆。

这不就是最早的压缩食品嘛！第二次世界大战中德军和盟国军队先后发明了脱水食品以维持民生、减轻行军装备，还有今天的压缩食品大战。但印第安人才是发明压缩食品的鼻祖。萨拉斯又热情地带我们参观实验室、苗圃、图书馆、国际年会展览。

"秘鲁有土豆博物馆吗？"我忽然饶有兴趣地问道。

萨拉斯迟疑了一下，"将来会有的！"

然而我知道，在接受了这一美洲馈赠的欧洲，例如德国，有土豆博物馆、土豆纪念碑，有与土豆相关的旅馆，在土豆产区每年还要选举"土豆皇后"。

太阳西下，已经成了朋友的萨拉斯老头儿用他的餐券请我们在内部餐厅用餐。我们从自助餐里挑选了米饭、沙拉、果汁，还有煮土豆和白薯泥！萨拉斯余兴未尽，席间继续讲述土豆与安第斯山人民的关系，他告诉我们，有些传统山区的农民仍习惯用"煮开一锅土豆的时间"来计算做一件事情所需的时间。他还兴致勃勃地介绍了几种风干土豆的食用方法："吃前先泡一夜，然后可以做汤；或者切成片，两片'丘纽'间夹上菜肴，放到烤箱里一烤，嗨，那就是上等的三明治啊！玻利维亚的首都拉巴斯有一道菜，内有风干土豆、新鲜土豆、玉米粒、蚕豆，叫作'拉巴斯烩菜'，不过秘鲁正在与他们争夺此项菜肴的专利权。"

告别了土豆研究中心，我们没有再乘出租车。打听了线路和车站，登上坐满百姓的公共汽车，换了两次车，在暮色中一路顺风地返回利马市区。

安第斯山土豆纪行

抵达普诺的的喀喀湖畔，海拔 3800 米。的的喀喀湖是世界上最高的通航淡水湖、南美洲第二大湖泊，连接了秘鲁和玻利维亚两国领土，湖上最重要的遗址在今天的玻利维亚一侧。另一侧有太阳岛和月亮岛。

太阳岛的高地上有一处古老的泉水，还有层层梯田的遗址，说明那里曾有过繁荣的生活。玻利维亚一侧的蒂亚瓦纳科古城也是美洲印第安文明的重要遗址。20 世纪末，在其周边发现并复原了 3000 年前古老耕种方法的农田及几何学上工整出色的灌溉水渠网。研究人员在那里进行了 5 年的土豆试种，发现收成比现代农田平均产量高 5～6 倍，最高时达 10 倍。据参与实验的美国宾夕法尼亚大学考古学家克拉克·埃里克松博士估算，在当时，仅这一带的农田就足以养活 600 万人口。

在库斯科，我们前去拜访农业大学，大学很远，一路上我们与司机莱昂德罗闲扯。他说："你们要是在三月到六月收土豆的季节来就好了，我们可以到野外去吃'地锅'。到时候，漫山遍野飘着白烟和香味！"

这次我们才弄清萨拉斯老头儿满怀深情所说的"地锅"具体有什么内容：在地上挖个坑，加入烧热的石头，中间放上一锅配有胡椒、枯茗子、蒜、甜椒、盐等作料熬熟的"丘纽"、用鸡肉、羊驼肉熬成的浓汤，围着锅边码一圈刚挖出的新鲜土豆、嫩玉米、白薯、包上锡纸的南瓜，然后用苜蓿草或嫩玉米叶盖严，再罩上几个湿麻袋，最后堆上泥土。一个小时后起锅，就着凉拌莴笋、水田芥开吃。光是听着描绘，我仿佛已经闻到了浓烈的醇香！

到了大学，农学家拉米罗·奥尔特加在他的办公室里与我们热情地谈了两个小时。奥尔特加几十年来除了教课，经常往周围的农村跑，拍了大量照片，积累了无数资料，其中包括很快就要失传的传统农业技术。但好像没有什么人重视他的工作，他见我们千里迢迢来访，兴致勃勃，恨不得把自己知道的一股脑儿倒给我们。

农学家讲述的土豆传播，引起我们很大兴趣

西班牙人来到秘鲁 30 年之后才开始吃土豆。在很长一段时间内，西方人很鄙视土豆，认为它是"印第安穷鬼"的食品，还说《圣经》上没有提到这种作物。土豆最先由哥伦布带到了西班牙的加那利群岛，再传到意大利，1600 年左右传到英国。在当时的法国，有人称土豆有"刺激性欲的危险"，是"雌雄合一"的化身，因为土豆由可以看见的根茎中长出，还流传着土豆"是麻风病、梅毒和淋巴结核病的致因"等说法。

我想，这种现象一方面反映了"全球化"初期种种变异引起的恐慌心理，但更重要的是，它反映了欧洲根深蒂固的、随着美洲的"发现"格外流行起来的文化偏见和欧洲优越论。比如黑格尔也如此荒谬地指责："这样一种特殊的文化，在'精神'向它走近的那一刻，它就会死亡……这些人在各方面的低下是显而易见的。"这里所说的"精神"就是欧洲自由精神。黑格尔当年就断言"欧洲绝对是世界历史的终结"，看来黑格尔

是 20 世纪末流行的"历史终结论"的鼻祖。

然而，对土豆的发现和驯化是"南美取得的巨大农业进步"。托马斯·H. 古德斯皮德在《农业的起源与文明的发展》一文里指出："如果没有认识植物性（通过块茎）繁殖的原则，土豆的进化不可能取得今天这样的成功。"因为这种繁殖方式使被选品种得以原样保持。

欧洲最终还是接受了只有"穷人"才会吃的土豆。农学家告诉我们，普遍流传着这样一种说法：把土豆推广到欧洲的是 18 世纪的法国药剂师帕尔芒捷。他在自己的园子里种上土豆，严加看管，夜间却故意让人去偷，以便传播。一天，帕尔芒捷举办了一个盛大的土豆宴，一切菜肴、饮料均以土豆为原料，邀请当时的要人名流品尝，乃至国王路易十六也对他说："法国有一天会感谢你为她发现了穷人的面包。"路易十六是否真的说过此话不得而知，但是，土豆得以传播的深刻原因，在于它有效地解决了欧洲和世界的饥馑问题。

19 世纪爱尔兰的例子，从反面说明了土豆在当时欧洲食品构成中的地位。1845 年至 1850 年间，爱尔兰爆发了一场严重的土豆病虫害，几百万爱尔兰人死于饥饿，150 万爱尔兰人流亡北美、澳大利亚——今天 4000 万爱尔兰人后裔成为这些国家重要的移民群体。卡尔·马克思在《1848 年至 1850 年的法兰西阶级斗争》一文里提到加速社会不安、促成动乱的两大世界经济事件，第一件就是"1845 年到 1846 年的土豆虫害及土豆歉收"。

说到土豆病虫害，农学家告诉我们："由于世界上三百多个科学家多年来对付不了病虫害，于是人们又把目光转向秘鲁。秘鲁南部山区有一千到两千多个土豆品种，病虫害无法侵入所有的品种。"

"也就是说，美洲土豆继续在为人类贡献自己，"农学家忽然提高了声调，"然而，贡献着财富的我们依然贫穷，我们的科学家甚至没有足够的经费继续研究。秘鲁山区人口占全国的 36%，在这里集中了全国主要的贫困人口。"

"听说土豆是通过西班牙当年的殖民地菲律宾传入你们中国的？"话题转到了中国。我们告诉他，有人考证土豆是在 1650 年左右从菲律宾传入中国的。由于土豆对环境和土壤没有特殊的要求，迅速种遍全国，成了百姓度荒的主要食物之一。

> 你是被掩埋的
>
> 白色的玫瑰
>
> 你是饥饿的敌人
>
> 无论在哪个国度
>
> 你是地下的
>
> 黑夜里的英雄
>
> 各民族人民
>
> 取之不竭的宝藏

说着说着，智利诗人聂鲁达的句子从农学家嘴里脱口而出——拉丁美洲的知识分子，无论属于哪个领域，似乎都能背诵上几句诗歌。诗句来自那首《土豆赞》。

"真是几天几夜也说不完哪！"农学家真心地感叹，"走吧，我带你们回库斯科，正好我也要进城里办事。"于是，我们坐上了他经常开着下乡的小面包车。

一路上，农学家言犹未尽，指着路边或隐或现的水渠、梯田说："安第斯山人保留了各个方面的传统农业手段，不过，它们只是过去的一个影子，西班牙人来后大部分都被荒废了。"

马里亚特吉在《关于秘鲁的七篇论文》里曾谈到：土地的荒废不仅造成了农业破产，还导致了印第安人文化、心理的崩溃。16 世纪以保护印第安人著称的巴托洛梅·德·拉斯卡萨斯神父反殖民主义之道而行之，坚决主张帮助印第安人在原有村社的基础上发展农业生产，通过与印第安人通婚创建共存的社会。

我们曾在两次西班牙南部之旅中考察了 8 世纪至 15 世纪安达卢斯文明时代农业、水利的繁荣景象。那是在西班牙大地上，从罗马时代、西哥特时代直至伊斯兰时代文明传递的结晶。为什么经历了所谓辉煌的"文艺复兴"之后，来自同一个西班牙的殖民主义者会如此背弃理性而行动呢？为什么孤军奋战的拉斯卡萨斯（西班牙守护者）们终究敌不过滚滚如潮的开矿大军呢？答案只有一个：随着 15 世纪末殖民主义在"地理大发现"的凯歌声中登场，自然发展的古代走向结束，一个技术日益发达、社会日益扭曲、文明日益异化的新纪元开始了。

随后，我们走进了自古以来富饶的"神圣谷地"，亚马孙河的重要源头之一乌鲁潘帕河流淌其间。我们抵达了一个叫钦切罗的小村，这里海拔 3772 米，两座雪山静静地守护在旁边。钦切罗的周日集市闻名遐迩，除了眼花缭乱的乡村贸易，还可以看到古老的实物交换。居民种植土豆、玉米和蚕豆，正在备耕的土地上有剑麻作田埂。我们的向导，农学系学生比奥莱塔告诉我们，在气候条件差异很大的秘鲁，土豆种植分三个时

期，沿海在 4 月到 7 月间，中等高度的山区在 7、8 月间，高寒地带在 9
月到 11 月间种下土豆，来年的 3 月到 6 月间收获。此刻，正是安第斯高
山区最后的种植时期。

一个农民扛着他的木铧犁正要去平整土地，得到他的允许后，我们拍
下了这种在中国已不多见的农具。比奥莱塔说，安第斯山的许多地方还保
留着传统的农耕法。比如种土豆仍像 16 世纪绘画中那样，三人一组，一
人挖坑，一人下块茎，第三人放粪肥。这种来自古代的种土豆方法在印第
安人语言里被称作 chuki。我们问那个农民地里都种什么，他说土地被划
成方格，每两年在不同的坑里轮种土豆和蚕豆，为了"让土地更肥沃"。

Z 已经独自走到了我们的前面，正与一个盖房子的农民聊着什么，
我接上去细问。那农民说，盖一间房要 2300 块土坯，草是自己上山割来
的，但当地缺水，打 300 块坯就需要一罐车水，这一罐车水要花上 30 个
索尔，因此盖一间房得花 240 索尔（约 80 美元）。种土豆换不来钱，因
此他每年都要去吉亚邦巴一带打短工，收咖啡。我们与他聊了十几分钟，
临走时，我掏出一个中国小挂件送给他身旁的小女儿，但他说想要一点
小费，"喝几口奇恰酒"。看来，当地缺现钱的情况极为普遍。

有研究证明，现在全世界一年的土豆收入超过整个殖民时期从拉丁
美洲开采出的全部贵重金属的价值。安第斯山农人对世界的贡献不可估
量，但是相当一部分安第斯山人民至今仍生活在穷困之中。无论如何解
释，都有一种无可辩驳的不公正。有人说，缺少土地是秘鲁农民贫困的
原因，但是，他们的祖先早在 15、16 世纪就懂得开梯田、兴水利，节约
土地，提高产量。今天，农业科学日新月异，而秘鲁的土豆产量却减少
到 30 年前的四分之一！

没有印第安人的贡献，如今我们的餐桌上还有什么？

现代人已经习惯了称爱迪生为"发明大王"，铭记着他的两千多项发明、一千多项专利。但却没几个人知道印第安人对人类食物做出的巨大贡献。电灯、电话是很重要，关乎着我们的生活质量，但是，红薯、土豆更不可或缺，因为它们关乎人类能不能拥有足够的食物。公元前7000年中美洲地区出现农业起源，至公元前1500年，食物种植最终成为社会决定性因素之前漫长的"早期农业"阶段，印第安人培植了一百多种植物，与整个欧亚大陆所培植的植物种类一样多，这确实是一个非凡的成就。印第安人培植的重要农作物有：玉米、红薯、土豆（马铃薯）、南瓜、番茄、花生、可可豆以及含有大量蛋白质的豆类植物。欧洲学者相信，世界上的植物食品，50%以上都出自印第安人之手。很难想象，如果没有印第安人的贡献，今天我们的餐桌上还有什么？

今天，我们习惯于把能够食用的植物称为农作物。"民以食为天"之类说法强调了食物对人类生存的重要性，但是，我们还应该知道的是，农作物的培植并不是一桩"很天然"的事情。就说土豆吧，跟现在所有的农作物一样，最初的土豆是野生的。由一种野生植物变为可食用的农作物，过程太过曲折。要知道，野生土豆的块茎中含有大量龙葵碱，这种成分对人和动物都有毒，这就意味着，早期食用土豆的印第安人，也为此付出了生命的代价。印第安人历经数千年，通过漫长而艰辛的驯化，才完成了土豆从食用到栽培的全过程。到了距今大概5000年，他们终于从野生土豆中培植出了很多可食用品种的栽培土豆。1492年，哥伦布抵达美洲大陆。由此，美洲的玉米、红薯、土豆等作物开始被世人所知，并随着殖民者的脚步迅速进入欧洲大陆。这些农作物的传播对世界人口爆炸起到了巨大作用。以玉米为例，中国明代以前人口几乎总在几千万徘徊，明中期玉米被引进种植，人口开始爆发。几千年来，中华民族赖以生存的是被称为"五谷"的水稻、黄米、小米、小麦、大豆以及其他杂粮。自从16世纪初期玉米踏上了神州大地，即以它惊人的适应本领迅速在我国南北各地安家落户。到1846年，包世臣著的《齐民四术》里，玉米已与五谷并列跃升到"第六谷"的地位。在很多丘陵山地，玉米后来居上，成为人民"持以为终岁之粮"的主要粮食作物了。"玉米"一词，充分表达了中国人对这种高产作物的认同、喜爱与珍重。

印第安农作物引进中国，关乎许多具体的人和事。譬如，1593年，福州人陈振龙从菲律宾引入了红薯。西班牙殖民者进入菲律宾时，觉得当地作物不足以养活他们，于是就从美洲引进了红薯，在当地种植，解决粮食问题。在菲律宾做生意的陈振龙看到菲律宾漫山遍野种植的红薯，就想到了自己的老家福建粮食短缺且自然灾害频发，他就想把这种作物引进老家。但是西班牙殖民者非常严苛，他们不想把红薯引进中国，在各个口岸严厉盘查，陈振龙非常聪明，他把红薯的藤条编在一个箩筐里，由此成功绕过殖民者的检查，把红薯藤带回老家。还有一种说法是陈振龙把藤条绞在一根绳子里面偷偷地带了回来。带回来之后，他和儿子率先在自家的农田里试种这种东西，四个月以后终于引种成功。

除此而外，印第安人还培育出了橡胶、烟草等多种经济作物，贡献了世界上大多数的棉花品种。很早之前，印第安人就会将橡胶涂抹到斗篷上防雨，可以说印第安人栽培的橡胶对人类的贡献无法估量。现代工业的发展与美洲的橡胶有着密不可分的联系。橡胶是工业的基本原料，广泛用于制造轮胎、胶管、胶带、电缆及其他各种橡胶制品，几乎所有的工业部门都离不开橡胶。如果说钢铁工业是西方旧大陆的骄傲，那么橡胶的贡献足以与之相媲美。在现代体育项目中，足、篮、排三大球类项目拥有为数较多的爱好者，这也要归功于印第安人栽培的橡胶，在欧洲人到达美洲之前，印第安人就会用橡胶制成实心球进行比赛了。好吧，让我们永远铭记印第安人的恩情，就像我们将会永远铭记薯片的味道与球赛的火爆。

延伸阅读

- 汉斯·霍克海默尔《前西班牙的秘鲁：饮食及对食品的获取》
- 托马斯·H.古德斯皮德《农业的起源与文明的发展》
- 卡尔·马克思《1848 年至 1850 年的法兰西阶级斗争》
- 索飒《丰饶的苦难：拉丁美洲笔记》

作者简介

索飒，原名刘承军，作家张承志之妻，中国社会科学院拉丁美洲研究所研究员，著有《丰饶的苦难：拉丁美洲笔记》等。

精彩快读

- 《大宪章》并不是具有伟大理想的杰出人物的理性贡献。它不过是一群斤斤计较的臣属与一个雄心勃勃而又霸气不足的君主拔剑相斗后讨价还价的结果。

- 《大宪章》与现代宪法比较相去甚远，没有关于国家架构、权力性质、公民政治权利的阐述，其行文也不是法律文书或契约文字，而是国王对臣属与主教承诺的语气。

- 诺曼征服前夜宪政的真正的积极因素在于，迄今为止还没有哪位国王未经王国大会（贤人会议）同意就自行立法或征税。这是最重要的，构成了对纯粹专制主义极具价值的阻碍，尽管强大的国王可以自己决定王国大会会成为什么东西。

- 宪政的要义不仅在于宪法的条文，更在于宪法的实行，在于有效的监督与制约机制的建立。宪政强调的是权在法下，任何人都要服从法律；对于不服从者，必须有制约措施。

背景介绍

　　《大宪章》，又称《自由大宪章》或《1215 大宪章》，是 1215 年 6 月 15 日英王约翰被迫签署的宪法性的文件，其宗旨为保障封建贵族的政治独立与经济权益。它是一个停战协议，是国王对臣民做出的承诺，承认臣属的权利。《大宪章》是英国君主立宪制的法律基石。

《大宪章》的起源与启示

郭学明

平静舒缓的泰晤士河是一条忙碌的水道，不时有游轮和驳船驶过。关于泰晤士河的航行，有一条已经执行近 800 年的规定。1215 年签署的英格兰《大宪章》第 33 条规定：泰晤士河以及英格兰所有河流上的一切鱼梁都必须拆除。

鱼梁是为了捕鱼而在河上修建的挡水堰，会妨碍船只航行。《大宪章》的规定使泰晤士河的通航得到保障。《大宪章》是一份政治文件，却涉及了拆除鱼梁这样的事情。其实，《大宪章》里有不少关于琐碎事项的规定，甚至还规定了寡妇的嫁资。

1215 年 6 月 15 日，51 岁的英格兰国王约翰与起兵造反的贵族和主教们和解，签署了《大宪章》。《大宪章》并不是具有伟大理想的杰出人物的理性贡献，它不过是一群斤斤计较的臣属与一个雄心勃勃而又霸气不足的君主拔剑相斗后讨价还价的结果。它是一个停战协议，同时，国王对臣民做出承诺，承认臣属的权利。《大宪章》的效力并没有随着签约双方的离世而消失，也没有因时代变迁而封存。它持续得相当久，基本原则影响至今，不仅影响着英国，还影响了全世界。

内容

《大宪章》一共有63项条款，对自由、司法公正和财产权做出了规定，最重要的部分是限制国王的权力，保障臣属权利。

其中关于自由的条款有：第1条承诺"英国教会当享有自由，其权利将不受干扰，其自由将不受侵犯"；第13条承认伦敦等城市"拥有自由与自由习惯"；第63条重申"教会应享有自由"，并承诺"英国臣民及其子孙后代""充分而全然享受《大宪章》所述各项自由、权利与特权"。

保障臣民财产权的条款有：第2条到第11条对继承权、未成年继承人的权益保障、寡妇的权益保障、债务人抵偿债务等方面做出规定。

限制王室和政府权力的条款有：第5条规定一切不正当不合法的地租与罚金一概免除；第23条规定不得强迫任何市镇与个人修造桥梁；第25条规定一切郡、百户邑、小邑、小区均应按照旧章征收赋税，不得有任何增加；第28条规定，治安官和王室管家吏不得自任何人那里擅取谷物或其他动产；第30条规定，未经自由民同意，任何郡长或执行吏都不得擅取其车马作为运输之用；第31条规定，王室不得强取他人木材、建筑、城堡等。

《大宪章》第12条规定：如果遇到国王被俘需要赎金，国王为长子举行授爵仪式需要花钱，国王为长女出嫁准备嫁妆需要费用这三种情况，国王可以向他的直属附庸征收适当的援助金。除此而外，未经全国公意许可，国王将不得征收任何免服兵役税和援助金。

第14条规定，如果国王因某个事项，譬如对外战争，确实需要附庸们的经济支持，需要额外征收税赋，则必须召开由教会主教、修道院长和贵族参加的全体会议讨论决定。召开这样的会议，国王必须提前40天向所有与会者送达会议通知，并在通知中明确会议的事由、时间和地点。

关于司法公正和法治的条款有：第38条规定，未有可信证据，不能使任何人经受审判；第45条规定，所任命法官、治安官、郡长和执行吏必须熟知法律。第39条写道：任何自由民，如未经同侪（地位相当的人）的合法审判，或经国法判决，皆不得被逮捕、监禁、没收财产、剥夺法律保护权、流放或加以任何其他损害。这个著名条款是现代英国和美国"保证人生而自由"的宪法概念的基础。

国王做了这么多承诺，如果不兑现怎么办？《大宪章》第61条明确规定：贵族需推选出25位代表，监督《大宪章》的落实。如果其中4人发现国王违约，即可向国王指出，要求其立即改正，国王须在40天内改正。如果国王没有改正，这25位代表即可联合全国人民，以一切方法向国王施加压力，诸如夺取王室城堡、土地与财产，以及他们认为合理的其他方式，但不能伤害国王及其家眷。

以上第14条和第61条是代议制得以形成的法律基础。《大宪章》虽然是国王与他的贵族臣属签署的，但第60条规定，适用于全国臣民。国王授予封臣的所有自由权利，封臣必须进一步授予他们的下属。（以上内容据《大宪章》第502～511页，詹姆斯·霍尔特，北京大学出版社）

核心

《大宪章》与现代宪法比较相去甚远，没有关于国家架构、权力性质、公民政治权利的阐述，行文也不是法律文书或契约文字，而是国王对臣属与主教的承诺。它是一份保证书。它所涉及的臣民权利也主要在财产权利方面，没有关于公民政治权利的表述。尽管如此，《大宪章》的历史意义仍然非常重大。

《大宪章》的核心是限制君主的权力，保护臣属的权利。如果没有臣属同意，除了常规的三项援助金（国王被俘、长子授爵和长女出嫁时的援助金）外，国王不得擅自增税；国王在立法征税等事项上要与臣属充分协商，征得臣属的同意，而且要提前 40 天送达告示；明确规定自由人享有人身自由和财产受到法律保护的权利；明确规定臣属有监督国王和反抗政府暴政的权利，并设立 25 人常设机构。

《大宪章》的签署并不意味着民主政治的开始，它的前提是承认国王的权威和统治。但是，它也限制王权，不准君主为所欲为，并且把对君权的限制用文字明确下来，形成了事实上的契约，并约定了违约罚则。

《大宪章》体现了"法律至上，王在法下，王权有限"的原则；体现了政府和国王的权力必须受到限制的原则；并设立了监督约束机构，这是《大宪章》最重要的意义：统治者必须受到契约执掌权力者与让渡权利者之间的契约的约束。而且，《大宪章》"这样一份冗长、琐细和务实的文件之签署本身，就意味着将会有法治产生。"（《英格兰宪政史》第11页，F.W.梅特兰，中国政法大学出版社）

源头

《大宪章》所表达的基本原则大都不是 1215 年的创新。有些原则是盎格鲁－撒克逊时代的传统，有些是诺曼征服时国王与附庸们的约定，还有些则是自治城市特许状的扩大。当然《大宪章》也有重要的创新，譬如成立 25 人的监督委员会。

英国是文明发育较晚的国家。当恺撒在公元前 55 年率领罗马军团跨越英吉利海峡踏上英格兰土地时，当地的凯尔特人还处于氏族部落阶段。罗马人统治英格兰近 4 个世纪，在此期间，英格兰保持了一定程度的地方自治传统，也受到罗马法治的影响。公元 410 年，西罗马帝国受到内乱和日耳曼蛮族侵扰，放弃了英格兰。

罗马人离开后，日耳曼的盎格鲁人、撒克逊人和朱特人涌入英格兰。盎格鲁－撒克逊人有着部落社会的民主传统，其首领是选举产生的。他们在英格兰建立多个小王国，仍召开民众大会，选举产生首领和国王。大事由民众大会决定，日常事务由首领和国王处理。当小王国在征战中合并为大王国时，小王国变成了郡。在郡一级，民众大会依然召开。王国事务由贤人会议决定。国王由贤人会议选举产生，贤人会议也能够废黜国王。贤人会议的组成并不固定，包括主教、修道院长、"方伯"（地方首领）、国王的臣僚等。在 1066 年的诺曼征服之前，英格兰的新国王是从已故国王的近亲中选举产生的。

盎格鲁－撒克逊人的贤人会议虽然已经从氏族部落的大众民主演变成了少数贵族的精英民主，但一直保持着对君权的强大制约力。梅特兰说："诺曼征服前夜的真正的积极因素在于，迄今为止还没有哪位国王未经王国大会（贤人会议）同意就自行立法或征税。这是最重要的，构成了对纯粹专制主义极具价值的阻碍，尽管强大的国王可以自己决定王国大会会成为什么东西。"（《英格兰宪政史》第41页）

1066年，诺曼人征服英格兰。率领军队入侵英格兰的是诺曼底大公威廉一世。威廉入侵英格兰，并没有获得他在诺曼底的附庸的普遍响应。这些贵族不愿意跨海作战。他们认为，威廉要求继承英格兰王位不在他们规定的兵役义务之内，而且跨海出征要超过40天，超出了附庸每年服兵役的规定时间。威廉只好四处招兵买马，悬赏告示：谁愿意跟他去，就有希望得到战利品和土地。

许多来自佛兰德斯、布列塔尼、安茹、美因茨和普瓦图（今天的法国、比利时、荷兰、德国一带）的人汇集到了威廉旗下。这些人在诺曼征服后成了英格兰的新贵族。

跟随威廉打天下的贵族及其后代认为，他们的权利不是国王恩赐的，而是参与打天下换来的，不能被随意剥夺。由于国王没有常备军，必须依靠贵族的军事支持，因此不可能像中国皇帝那样，兔死狗烹或杯酒释兵权。

威廉一世死后，选举的传统保留了下来。他的两个儿子，第二个国王威廉二世和第三个国王亨利一世，都不是长子，"依据当时的观念，都不能依据继承权来继承王位，他们都借助了选举，依靠的是民众的支持"。第四个国王斯蒂芬也被迫"通过选举来主张自己的权利"，签署《大宪章》的约翰国王能够登基也与选举有关。（《英格兰宪政史》第65页）

另一方面，诺曼人由于在政治上发育较晚，他们本能地保持着对权力警惕和制衡的传统，坚持契约的对等性；再加上英国原有的盎格鲁－撒克逊人的民主传统，英国国王强化权力的企图受到臣民的强烈抵制。

笼子与权力

签署《大宪章》的约翰国王是诺曼征服后的第 7 代国王。约翰是一个试图有所作为的国王。但是他连吃败仗，丢失了包括诺曼底在内的法国领地。为了夺回失去的领地，他超出常规强行增加税赋。约翰与他的贵族附庸们本来就关系不好。历史学家屈勒味林对他的评价是："本性虚伪、自私、残暴，故最易为人所痛恨。"这样一个招人厌恶的国王试图加税，遭到贵族的联合反对。1215 年 5 月 5 日，贵族们宣布不再效忠国王，举兵造反，并在市民的支持下占领了伦敦。约翰国王迫于无奈，才签署了《大宪章》。

造反的贵族和市民们并没有取代国王、改旗易帜的企图。他们只是要限制国王的权力，保护自己的财产不被剥夺，自由不被侵犯，寻求司法公正。他们不是要改朝换代，而是要制作一个结实的笼子，把君主的权力关在里面。

《大宪章》主要是贵族权利的诉求，也涉及自治城市的市民和贵族的附庸，而对权力的约束一定会使整个社会受益。

《大宪章》虽然限制了国王的权力，但是某种意义上也使得王室受益。人类历史上那么多王室都被灭族了，有的王族灭绝得十分惨烈，而英国的诺曼王族却延续了近千年，这是人类历史上可以追溯得最久远的王族之一。帝王血脉得以延续长远的诀窍就是放弃权力。由于权力受到宪政的限制，国家最终实行了君主立宪制，英国国王成了安全、荣耀、潇洒的虚君。

当然，帝王们放弃权力绝不是情愿的。《大宪章》签署之后，英国人又多次进行流血斗争，甚至在 1649 年把违约的国王查理一世送上了断头台，王室才逐渐被迫放弃权力，还权于民。

时代背景

从《大宪章》可以看出，与东方帝王相比，英国国王实在是太窝囊。英国的臣属不仅不以君为纲，不三拜九叩，居然与君主讲条件、限制君主的权力，甚至还成立监督君主的机构，还能够以夺国王城堡抢王室土地财产相威胁。这在东方都是大逆不道、千刀万剐的谋逆之罪。

英格兰《大宪章》以及宪政制度的出现并不是孤立现象，而是中世纪欧洲封建制度发展的一个结果。屈勒味林指出："宪政主义源于封建主义。"（《英国史》上，第 196 页，中国社会科学出版社）在封建制度下，领主与附庸之间的关系本质上是交换关系、契约关系。《大宪章》就是这种契约的书面化和制度化。

其实不仅是英国有《大宪章》，欧洲其他一些国家在中世纪后期也出现了类似的文件。霍尔特说："12、13 世纪的自由不是由一个国家感染传播到另一个国家的，它们是当时那种氛围本身的一部分。"

自治城市的特许状与《大宪章》的性质相近，《大宪章》也可以看作是城市特许状的扩展。伦巴第同盟在 1183 年与腓特烈一世（皇帝）签署的和约、1188 年莱昂国王阿方索九世发布的对封臣授予特权的敕令、1205 年阿拉贡国王彼得二世为加泰罗尼亚起草的妥协性文件和 1222 年匈牙利国王授予封臣的诏书等，都是类似《大宪章》的文件。在英国，早在《大宪章》签署前 115 年，国王亨利一世登基时就发布过一个具有里程碑意义的《自由宪章》。亨利的《自由宪章》是《大宪章》的先声。

所以，霍尔特在他那本与《大宪章》同名的书中说："英国国王约翰不得不通过授予自由宪章而结束一个艰难的战争时期，并没有什么特别的。"

坚持的臣民

《大宪章》的条款自确立之日起就一直被较真的英国臣民坚持着。

任何专制者都是臣民权利的天然剥夺者。所有的国王都希望自己可以随心所欲，随意剥夺臣属和人民的自由，任意征税。英格兰国王自然也不比其他国王开明。国王之所以签署《大宪章》，是因为屡次战争的失败削弱了他的权力。《大宪章》以及宪政制度的出现并不是由于国王开明或仁慈，而是臣民用刀剑逼出来的，是战争的结果。臣民的权利不是君主恩赐的，而是他们自己争取来的。

从《大宪章》签署的 1215 年，到国王亨利四世在位的 15 世纪初期，这期间将近 200 年，《大宪章》不断地被历任英国国王确认，达 32 次之多。英国政治的发展是在权力与权利的反复较量中推进，在斗争与妥协、流血与谈判中推进，在回潮复辟与反回潮反复辟的纠缠中推进的，直到 17 世纪英国革命才最终获得成功。

● 编后絮语

东欧版的"大宪章"为何没有成功？

2015年是英国《大宪章》签署800周年，作为纪念活动重头戏的"《大宪章》全球巡展"登陆中国，来自赫利福德教堂的1217年版馆藏原件在北京、上海、广州、重庆四个城市展出。10月14日，三位英国专家在展览首站——英国驻华大使官邸举行了一场座谈，讨论"《大宪章》的世界性遗产"。英中协会主席戴维信爵士在发言中称《大宪章》为"英国最伟大的出口产品"。"它不仅是理解800年英国历史发展的关键，其承载的原则也成为世界上许多国家发展法治的指南针。《大宪章》及其精神影响了一百多个国家、近20亿人。"戴维信如是说。

人们看待历史时，往往存在盲区。关于《大宪章》，人们对它的意义诠释，也往往会失之片面。《大宪章》确立了"任何人，包括国王，也不得凌驾于法律之上"这一铁律，但出于可以想象的原因，人们往往会将警惕的矛头只对准"国王"，而在有意无意间忽略了文本中的"任何人"这个更为要紧的概念。我们知道，1215年在温莎堡外草地上参与谈判的大致有三方——国王、贵族和教士，假如贵族们凭着自己的优势军力胁迫国王签署一份有利于贵族却不利于国王的文书，又会怎么样呢？在这里，我们不妨对照一下匈牙利《金玺诏书》的故事。

13世纪初，匈牙利王国堪称中欧强国。同为封建制王国，国王、贵族、骑士之间，势必呈现出诸权力主体彼此博弈的政治格局。1217 年，安德鲁参加十字军东征失败，贵族与骑士乘机反叛，胁迫国王在 1222 年签署《金玺诏书》。与七年前英王约翰签署的《大宪章》如出一辙，《金玺诏书》也同样旨在保护贵族与骑士免遭恣意权力的侵害，限制任意的征税，以正当程序保护骑士免于随意羁押……在此基础上形成的匈牙利议会，也成为欧洲最强势的议会之一。到 15 世纪，匈牙利议会已可操纵国王的废立，而贵族阶层所应承担的税负也被削减殆尽。

贵族不用缴税了，贵族们当然惬意。国王不高兴，随他不高兴就是。和国王的相对羸弱相较，匈牙利贵族们显然势力强大得多。贵族集团所具有的压倒性优势，使其变本加厉地追逐自身利益，而与国家的整体利益日益疏离。即便受到来自奥斯曼帝国的强大军事压力，匈牙利贵族依然将自身税负降低 70％ 以上，而不顾国家军事能力的削弱。1526 年，纪律散漫的贵族军队在与奥斯曼的战争中一败涂地；贵族之间的斗争以及贵族与国王的持续冲突，最终葬送了曾经强大的中欧王国，直至失去独立，一分为三。一个曾经的强国就这样成为过眼云烟了。

波兰的命运也与之类似。1572 年，亚盖洛王朝灭亡后，贵族选举法国的亨利为国王，并通过了另一部具有"大宪章"意义的《亨利王约》，宣布国王不得征税和征召军队，并确立由贵族选举国王的新制度，使得王权完全沦为贵族的傀儡。随之而来的是国家力量的衰落，波兰不断沦为俄罗斯、普鲁士等国的蚕食对象。而 1652 年通过的"自由否决权"，更成为贵族集团最后的政治自杀；任何一名贵族的反对都可能导致议会法案被否决，乃至议会解散。孱弱的波兰最终被俄、普、奥瓜分殆尽，在欧洲的版图上消失。直至1918年才恢复独立，却是今非昔比。

毋庸置疑，《大宪章》为英国后来的强盛奠定了法律基础，但类似的"东欧版大宪章"却没有给它们的祖国带来相应的成功，这值得思忖。显而易见的结论是："东欧版大宪章"放任了贵族的自私与贪婪，任由他们放弃了对整个国家的义务和责任。

由此可见，同为贵族，英国贵族俨然更聪明，因而也就更节制和自律。或许，他们明白，任何人——包括贵族自己——也是需要制约的。权力微妙平衡的背后，镌刻着"承认彼此利益"的深刻印痕，一方面限制了王权的无度扩张；一方面使得贵族必须认真对待国家，而不至于沦为狭隘的利益集团。

《大宪章》本身是贵族与国王之间妥协的产物。但在很多国家（包括中国）的历史中，政治上的妥协是稀有的，政治斗争往往都是赢家通吃的游戏。中国历史上的汉朝和明朝的开国皇帝在打下江山之后，立即将杀戮之剑对准了昔日的功臣们：刘邦杀了韩信、彭越、英布等人；而朱元璋更为残忍，功臣宿将中除汤和等三人得以侥幸保全性命外，基本上被杀了个精光。相较之下，宋朝开国皇帝赵匡胤显得足够宽和，通过"杯酒释兵权"，让功臣们得以保全性命。而结果呢，皇帝的权力是得到了高度强化，但军事积弱，最终被游牧民族灭亡。

延伸阅读

- 约翰·莫雷《论妥协》
- 王希《原则与妥协：美国宪法的精神与实践》
- 斯蒂芬·弗雷斯《女王》(电影)

作者简介

郭学明，男，1954年生，祖籍山东，大连人，高级工程师。1976年毕业于大连理工大学，始于某大型国企从事建筑设计及管理工作，后创办自己的公司，主要在欧美地区从事建筑装饰装修工作，从业务需要到兴趣爱好，得以游历欧美，对欧洲建筑特别是古典建筑有着深入的了解和思索，对其人文和社会生活有着深入的认识和独到的见解。

精彩快读

- 仅仅几年时间，一个具有世界意义的城市拔地而起，彼得大帝为俄国争了一个出海口。圣彼得堡的建立，使俄罗斯可以紧紧地扼住北欧的咽喉，并对西欧形成咄咄逼人的气势。

- 对强权的崇拜并非俄罗斯国民性的全部，他们还有对文化的崇尚。这一点，我们同样在彼得堡和彼得大帝身上感受到了，在俄罗斯，帝国的辉煌与文化的辉煌始终共存。

- 彼得大帝不仅有对旧习俗强制破除的霸气，还有对新文化建设的精心设计和实施：大力建造博物馆、图书馆，建立俄罗斯第一个科学院，并在他去世前一年的 1724 年创建了圣彼得堡大学。

背景介绍

彼得大帝，是后世对彼得一世的尊称。彼得一世，原名彼得·阿列克谢耶维奇·罗曼诺夫，是沙皇阿列克谢一世之子，俄罗斯罗曼诺夫王朝第四代沙皇，1682 年即位，1689 年掌握实权发动改革。彼得大帝是俄罗斯历史上最伟大的帝王。他继位后积极兴办工厂，发展贸易，发展文化、教育和科研事业，同时改革军事，建立正规的陆海军，加强封建专制的中央集权制。

当主编的彼得大帝

赵启强

俄罗斯不仅有过帝国的辉煌，还有文化的辉煌；他们不仅有普希金、托尔斯泰、果戈理、陀斯妥耶夫斯基，还有许多热爱和珍视文化艺术的帝王——当主编的彼得大帝、写专栏的叶卡捷琳娜二世……这份骄傲比起俄罗斯有世界上最多的核弹头和世界一流的海空力量，毫不逊色。

政治强人能崇尚文化艺术，这无疑是一个民族的幸运和力量之所在。因为，权力崇拜可以产生一个国家赖以生存的安定和秩序，但如果没有文化崇拜的平衡，那么权力将不可避免地使这种秩序僵化成阻挡民族进步的桎梏。

在俄罗斯，强势而又崇尚文化艺术的帝王，彼得大帝是第一人——他的强悍和攻击性使邻国屈服，还亲手杀死了持不同政见的儿子。但就是这个政治强人，却有着对文化、艺术的重视和追求。

要认识俄罗斯必须走近圣彼得堡和彼得大帝

1703 年，俄国的政治改革家、历代沙皇中最强悍的彼得一世在现今圣彼得堡所在地修建了一个要塞，又在要塞附近为自己修建了一个小木屋；接着，他从各地征集了 10 万建筑工人，请来了欧洲各国最优秀的建筑设计师、美术家，在这个地处涅瓦河畔、四周都是密林、沼泽的小村庄建造城市。

仅仅几年时间，一个具有世界意义的城市拔地而起，彼得大帝为俄国争得了一个出海口。圣彼得堡的建立，使俄罗斯可以紧紧地扼住北欧的咽喉，并对西欧形成咄咄逼人的气势。1713 年，彼得一世迁都圣彼得堡，一直到 1918 年，它一直是俄罗斯帝国的首都！

彼得大帝的名字还与强大的俄罗斯海军联系在一起，在圣彼得堡市的中心广场——皇宫广场的建筑群中，有一座巨大的弧形建筑，这就是著名的沙皇时代的海军总部大厦。它像一只想要囊括整个世界的巨掌……面对这座巨大的建筑，你会想起几百年来称霸于东欧、北欧的波罗的海舰队，想起那位世界级的军事将领乌沙科夫海军上将……

用专制的巨手塑造民族自豪感

在圣彼得堡，随处都能感受到这个昔日帝国的历史辉煌，能感受到苏联之所以成为世界超级大国的历史渊源；最重要的是，在圣彼得堡，你能深切地感受到，政治强人称霸世界的帝国梦，是怎样由帝王的野心积淀成这个民族的国民性的。

当年，年轻的普希金站在涅瓦河畔，望着隔岸的北欧，想着整个欧洲——

我们将在这里威吓瑞典人。

这里将建造起一座城市，

使烦恼的邻人烦恼不安。

大自然早已决定，就在这里，

我们必须开一个对着欧洲的窗子。

普希金以他巨大的天赋和热情将俄罗斯民族对彼得大帝的崇敬表现出来——他在叙事诗《波尔塔瓦》《彼得大帝的宴会》，诗体小说《彼得大帝的黑人》《青铜骑士》中都热情地赞扬过这位帝王……

到 20 世纪，斯大林也以同样的热情赞扬过彼得大帝，欣赏他"狂热地建立工厂来供应军队和加强国防"的"独创的尝试"。

普希金和斯大林都赞扬彼得大帝"专制的巨手"，这种崇拜，是俄罗斯人崇尚国家强权的体现——征服了东欧和北欧的彼得大帝，打败过拿破仑的亚历山大一世，击败了希特勒的斯大林，都是俄罗斯人崇拜的对象。的确，俄罗斯的民族文化心理中，帝国情结占据了很大空间。

幸运的是，对强权的崇拜并非俄罗斯国民性的全部，他们还有对文化的崇尚。这一点，我们同样在彼得堡和彼得大帝身上感受到了，在俄罗斯，帝国的辉煌与文化的辉煌始终共存。

笨拙的"北极熊"却向往着文明和优雅

彼得大帝不是一个"只识弯弓射大雕"的征服者。彼得大帝的历史功绩不仅在于建立了强大的海军和军事工业，对民族文化的改造和建设，同样是这位帝王的一个丰碑。

彼得大帝不只是崇拜暴力的君主。

彼得大帝曾经组织 250 人的庞大考察团去西欧考察，学习西方的文化技术。在长达一年多的考察里，彼得大帝匿名成"下士彼得·米哈依尔"，去工厂当学徒，到学校、博物馆学习考察。回国后，他对俄罗斯的文化习俗进行大刀阔斧的改造——剪掉长衣袖，剃掉大胡子，将大公时期的长袍改成西欧的短装。他不让大臣下跪，大办宫廷舞会，让贵族们学会文明交际，他提倡喝咖啡、喷香水、进图书馆……

彼得大帝对民风民俗的改革，范围广、力度大，改革中，留胡须等固守旧习俗的人被课以重税，有的人甚至为此丢命。彼得大帝强势推行的改革，被马克思说成是"用野蛮制服了俄罗斯的野蛮"。

彼得大帝的暴戾性格让人战栗，但正是他用如此极端的手法革除恶习恶俗、推进文明，才让俄罗斯有了另一种辉煌。彼得大帝对俄罗斯民族文化心理的重塑，给俄国留下的文化遗产至今随处可见——他们的衣着打扮、举止言谈、待人接物，无不处处透着优雅、文明。虽然到过许多国家，但像俄国人那样至今仍保持着古典礼节的国度已经很少了：为女士让座、在女士落座之前摆好椅子；在公共场所的大门前，常常能见到男士快步向前，为前面并不认识的女士开门……

亲自担任报纸主编的彼得大帝

彼得大帝不仅有强制破除旧习俗的霸气，还有对新文化建设的精心设计和实施：大力建造博物馆、图书馆，建立俄罗斯第一个科学院，并在他去世前一年（1724 年）创建了圣彼得堡大学。

彼得大帝在文化建设方面，最具战略眼光的是通过文化艺术塑造新俄罗斯人——他创办了俄国第一张报纸《新闻报》并兼任主编，他在彼得堡和莫斯科大力修建剧院。通过报纸、剧院对国民性进行深入、持久的改造，这显然比剪长袍、剃胡子更具深远意义。

这充分证明彼得大帝理解文化艺术对培育国民素质的重要性。仅此一点，我们就可以断定，彼得大帝不是那种单纯依赖武力、暴力治国的专制者。

彼得大帝将戏剧从宫廷解放出来

彼得大帝为了将戏剧从宫廷中解放出来而在各地大建剧院，并且将剧院票价定为 5 戈比（100 戈比 = 1 卢布）的低价，让寻常百姓都能走进剧院。这个举措表明了彼得大帝的民生民意主张，否则，再多的豪华与老百姓有何相干？

彼得大帝强制实行的廉价票传统，一直持续到苏联解体之后。1994年我在莫斯科小剧院（玛丽剧院）看过一场由国家功勋演员出演的经典剧目《万尼亚舅舅》，票价折合人民币才 8 角。

近年来，随着商品经济的冲击，当然不再有这样的低价了，但小剧院至今仍能买到 10 美元以下的票，而且 5 ～ 14 岁的孩子随家长看戏是免票的。

如今只有 500 万人口的圣彼得堡有两百多个博物馆，两千多家图书馆，八十多家剧院，一百多个文艺演出组织，45 个艺术走廊和展览厅，

62个电影院。这种骄人的数据在莫斯科也有。不能不说，这与彼得大帝的文化战略、精神遗产有关。

编后絮语

莱布尼茨也曾惊叹过康熙大帝的博学

在我看来，提起彼得大帝的时候，有三个前提必须强调。其一，或许彼得大帝的确功业显赫，但毕竟只是一枚"大帝"而已。也就是说，他的基本身份只是人类处于丛林时代的俄罗斯枭雄，而非当今意义上的时代英雄。其二，或许彼得大帝的显赫功业缔造了俄罗斯帝国的强盛，但对人类而言，这个帝国依然是丛林时代的北极熊，而非文明时代的百灵鸟。其三，彼得大帝亲手缔造的强大帝国，曾经从中国攫取了大片国土，给中华民族的尊严与进步带来过深重的灾难。基于此，我对彼得大帝的赞许是相当有限的，必须有所保留。

拿俄罗斯的彼得大帝与中国的康熙大帝相比，倒是有些必要。他们同处17、18世纪之交，分别是俄中两艘巨大航船的舵手，然而在重要的历史关头，却将俄中两艘巨大航船驶向截然相反的方向。彼得使俄国迅速走上近代化道路，雄踞欧亚，傲视全球；而康熙最终却没能使自己的王朝实现历史的跨越，他所开创的盛世王朝与工业革命失之交臂，很快步入落日辉煌，由天朝大国急剧坠入落后挨打的悲惨境地，并遭到俄罗斯的侵略、蹂躏。"这真是任何诗人想也不敢想的一种奇异的对联式悲歌。"关于中俄，马克思曾经这样感喟。

其实，如果单单比较"个人素质"，康熙大帝未必全输。实际上，康熙大帝也曾醉心西学、善于吸收新知识。从天文、地理到物理、化学，甚至高等数学、西洋音乐，他全都学过，而且学得还不错。据传教士洪若翰信中所述，康熙"自己选择了数学、欧几里得几何基础、实用几何学和哲学"进行学习，"神父们给皇帝做讲解，皇帝很容易就听懂了他们给他上的课，越来越赞赏我们的科学很实用……如果对学的东西还有不清楚的地方，他就不肯罢休，直到搞懂为止"。

1697 年，德国著名的思想家莱布尼茨就惊叹道："康熙帝一个人比他所有的臣僚都更具远见卓识……他广博的知识和先见之明远远超过了所有国人。"但莱布尼茨不知道的是，康熙对西方科学的浓厚兴趣，仅止于个人爱好，对科学技术造福于国计民生的重大作用并无充分认识。他研习西学不是为了经世济民、改造中国、促进社会发展，而是唯恐汉人习得而轻视满洲贵族。他对西学和西技的根本态度只是"节取其技能，而禁传其学术"，所以，无论多么先进的科学仪器，只能戴上华丽的镣铐，被深锁在紫禁城的深宫之内。

而彼得对西方科技的着迷，一开始就来自他振兴国家的强烈愿望，他带着明确的实用目的，将西方科技视作霸业利器。很明显，与彼得相比，康熙缺少这样一种从思想上重视西学的兴起及其对历史将会产生的影响的认识，忽略了西学从制度上为国家发展创造良好的条件。彼得树立了俄罗斯人的民族自信心，启动了社会内部存在的潜能。他结束了草原化和东方化的俄国历史，开创了海洋化、西方化的俄罗斯新时代。

或许，彼得大帝的横空出世，可以算是俄罗斯民族"需要英雄且出现了英雄"的幸运。又或许，其人及其煌煌霸业，却成就并强化了俄罗斯民族的"强人依赖症"，并非好事。另外，彼得大帝推动的俄罗斯改革，从一开始就以粗暴干预国民的"个人权利"为代价。这一点，从"强制剪胡子"运动即可见一斑。彼得认为留胡子是"野蛮的"，于是，在朝堂上亲自动手剪大臣们的胡须，并宣布剪胡子是全体公民的义务，要想保留胡子就得缴重税，官吏和贵族每年要缴60卢布，平民30卢布。难怪，马克思说他"用野蛮制服了俄罗斯的野蛮"。问题是，能通过"野蛮的过程"而收取"文明的结果"吗？仅此一点，就不难断定，就算彼得大帝不是那种"单纯依赖武力、暴力治国的专制者"，但其基本身份，依然是一个不折不扣的专制者。

延伸阅读

- 阿·托尔斯泰《彼得大帝》
- 伏尔泰《彼得大帝在位时期的俄罗斯帝国史》
- 大揭秘《康熙与彼得大帝的共同点》（综艺）

作者简介

赵启强，毕业于西北大学中文系，当代作家、学者、甘肃电视台导演。中国电视艺术家协会会员，中国作家协会甘肃分会会员。他的《光荣的荆棘路》不仅再现了苏联、东欧国家的改革史，也点出了中国问题的历史根源及政治改革的出路之所在。

精彩快读

- 严重的财政危机而又无法解决必定是严重的社会危机的反映，需要进行较大的社会变革。对此，路易十六却毫无认识，一直将其看作是"财政危机"，而不是"社会危机"，只想在财政体制上作些小修小补。

- 路易十六的朝代，从他登基到革命爆发，一直是一个长期进行改革而并无结果的朝代。长期改革而鲜有成效，反过来又加重了财政危机。

- 如果他对时势有清醒的认识，确定公民权利、三级会议的权限和王权的限度，放弃给贵族的许多特权，将此次会议变成一个真正的社会改革的会议……

- 要放弃眼前的权益，的确是难而又难，实际取决于统治者的眼光和审时度势的能力。

背景介绍

　　法国大革命，是 1789 年在法国爆发的革命，统治法国多个世纪的君主制在三年内土崩瓦解。法国在这段时期经历着一个史诗式的转变：过往的贵族和宗教特权不断受到自由主义政治组织及上街抗议的民众的冲击，旧的观念逐渐被全新的天赋人权、三权分立等的民主思想所取代。

法国大革命爆发的内在逻辑

雷颐

　　一场巨大革命的爆发，一定有其深刻的社会和历史原因，是"不可避免"的。不过，这大都是事后的分析研究得出的结论，是后来的认识。在当时，甚至许多身处各种矛盾中心的人物也没有意识到这种"不可避免"的即将来临。以孙中山、列宁的洞察力之强，对辛亥革命和十月革命的爆发尚都有"突然"之感，遑论他人。法国大革命无疑是人类历史上最重大的事件之一，不过，当 1789 年 5 月 5 日三级会议开幕时，恐怕没有一个人意识到这将是一场伟大而残酷的革命的开端。第三等级没有意识到，国王路易十六更不会想到。

　　此时的法国，经过路易十四的高度专制、王权无限扩大和路易十五的荒淫挥霍之后，像一个长期用力过度的发条，已经松弛下来，疲惫不堪了。旧制度的法国社会分为三个等级，第一和第二等级的分别是教士和贵族，他们人数不足全国人口的 1%，却占有全国 30% 以上的土地，而且享有种种免税特权。资产阶级、城市平民、工人和农民统称为第三等级，占全国总人口的 99%，人均财产极少却负担着全国的纳税义务，政治权利最少。

　　1774 年，路易十六即位时，国家面临着严重的财政危机，从这时起，他就为克服财政危机进行了一系列的改革。这些改革包括放弃前任国王们某些过分专制、挥霍的做法，更重要的是想扩大税源，对特权阶层也开始征税。但皇室的挥霍并未得到有效控制，而对特权阶层征税又严重触犯其利益，引起他们强烈的反对，最后，路易十六不得不将力主改革的财政总监杜尔果解职了事。继任财政总监内克尔吸取杜尔果改革的教训，将解决财政危机的重点从"开源"转向"节流"，想缩减皇室和内臣的巨大开支，结果遭到众多皇室成员和实权在握的内臣们强烈反对，其结局与杜尔果一样，也被路易十六解职。几年后，路易十六又不得不接受新财政总监卡隆的建议，召开"显贵会议"，还是想命令特权等级也负担土地税和印花税。结果，卡隆的下场与前任相同，在特权等级的反对下倒台。在既得利益集团的强烈反对、巨大压力之下，路易十六长达十余年的几次财政改革完全失败。

严重的财政危机无法解决必定是严重的社会危机的反映，需要进行较大的社会变革。路易十六对此却毫无认识，一直将其看作是"财政危机"，而不是"社会危机"，只想在财政体制上做些小修小补。实际上，仅有一些财经制度的修补的"改革"根本无济于事。法国革命史专家米涅在其经典之作《法国革命史》中写道："对一架已经破败的机器来说，改行仁政和继行暴政同样都是困难的，因为进行改革，就要有力量使特权阶层服从改革；施行暴政，就要使人民忍受时弊，但路易十六既不是个革新家，也不是个专横暴戾的君王。"这就注定了路易十六的朝代，从他登基到革命爆发，一直是一个长期进行改革而并无结果的朝代。长期改革而鲜有成效，反过来又加重了财政危机。恰恰为了解决财政危机，扩大税收，路易十六决定召开三级会议，或许，他事后会为这一决定而悔恨终身。

在专制达到顶点的路易十四时代，国王路易十四被称为"太阳王"，他公开声称"朕即国家"，可以任意强征新税，国王有处置臣民财产的绝对权力，因此所有的捐税、关税全部进入国库，是否征税、如何征税、怎样使用这些钱财，完全由他决定，不受任何监督、制约。但到了路易十六时代，国王已完全没有当年"太阳王"的权威，而且第三等级已有了极大的发展，力量空前强大，且其"纳税人"意识经过启蒙已空前觉醒。此时的"纳税人"明确意识到，政府的财政全是来自纳税人的"奉献"，进一步说，"政府"其实是纳税人供养的。税收的本质是纳税人将原本自己拥有的一部分私人财产上缴政府，以换取政府的服务。孟德斯鸠在《论法的精神》中说："国家的收入是每个公民所付出的自己财产的一部分，以确保他所余的财产的安全或快乐地享用这些财产。"纳税人把自己的一部分财产让渡给政府，就有权限制政府的征税权，有权了解政府如何花自己的钱，有权监督政府，有权参政议政，有权要求政府保证自己公民权的落实和不受侵犯。现在，第三等级早就不满足于纳税最多、权利最少的地位，只要有合适的机遇，它就要将自己的意愿表达出来，要重新"改写"社会结构，重新分配权力。

此次国王要召开的三级会议，恰为已经觉醒的第三等级提供了一个难得的历史机会。所以，此次三级会议注定不会是一个仅与财政有关的会议，而必然是一个重新划分社会权利与权力的会议。第三等级的代表将不仅作为纳税人，而且作为立法者来参加这次会议。对此，国王和居于统治阶级地位的第一、第二等级竟没有丝毫察觉，在三级会议召开时，没有采取任何措施，没有任何防止纠纷的准备，更没有任何社会改革的方案和事先对第三等级可能提出的社会要求的应对谋划。

在会议中，第三等级代表不但不同意增税，并且宣布增税非法，更重要的是还提出了政治权利问题。路易十六要求按传统方法，三个等级分别开会，以等级为单位表决。这样，两个特权等级的票数将压倒第三等级。但经过启蒙的第三等级则一反传统，要求取消等级区分，三个等级一起开会，按代表人数表决。由于第三等级代表人数多，这种方法自然有利于第三等级。然而，第三等级的要求却被国王和特权等级拒绝，于是他们自行召开国民议会。在革命的导火索已在冒烟的关键时刻，路易十六仍未意识到局势的危险，悍然封闭国民议会会场。革命，最终爆发。

事后看来，这次会议对国王非常重要，为他提供了进行社会改革的一丝机会。米涅分析道："他本可以因此而恢复他的权威，并因亲自行使职权而避免酿成一场革命。如果他对时势有清醒的认识，确定公民权利、三级会议的权限和王权的限度，放弃给贵族的许多特权，将此次会议变成一个真正的社会改革的会议……"但路易十六和第一、二等级对这些迫在眉睫的社会要求就是不知道，不了解，不变革，终于错过了稍纵即逝的一丝机会。要放弃眼前的权益，的确是难而又难，实际取决于统治者的眼光和审时度势的能力。路易十六的悲剧在于，他看到既得利益集团的危害，多次想对既得利益集团做出某种限制，但在其强烈反对之下不仅被迫终止，反而"牺牲"了几位力主改革的财政总监以重获既得利益集团的支持。无论他是不愿还是无力，总归未对既得利益集团做任何限制。当既得利益集团拼命维持自己的既得利益不愿稍稍让步，国家又不愿或无力进行根本性制度变革的时候，推翻既得利益集团甚至国家的革命就"不可避免"了。

最终，特权等级被推翻，路易十六也被推上断头台。对革命的后果是赞成还是反对，是歌颂还是批判，见仁见智。但就革命爆发的原因来说，与其说是"革命党"的"激进"造就了革命，不如说是统治者的顽愚引发了革命。因此，革命往往也不是"革命党"主观可以"告别"的。所以，与其责备革命党"激进"，不如指摘统治者"顽愚"。喜欢也罢，不喜欢也罢，这就是历史，后人的一切"如果"全都枉然。

革命一旦爆发，便有它自己的逻辑，必将充满血腥地一浪高过一浪，在法国大革命中，这一点表现得尤为明显。在你死我活的生死搏斗中，破坏性最强的最激进者往往最易为人接受、最易取得胜利，而理性平和者更富建设性的纲领意见，总是被早已激愤万分、狂热暴躁的"革命群众"拒绝和抛弃。但正如米涅所言："在革命中，一切都取决于第一个拒绝和第一场斗争！"革命的爆发与其后的发展，在很大程度上，确是由统治者对改革的"第一个拒绝"及其引发的"第一场斗争"所决定的。

编后絮语

法兰西民族缺乏政治智慧吗？

关于法国大革命的意义和价值，百度百科的诠释是："法国大革命是采用暴力手段将矛头直指国王的权力，法国在这段时期经历着一个史诗式的转变：过往的贵族和宗教特权不断受到自由主义政治组织及上街抗议的民众的冲击，旧的观念逐渐被全新的天赋人权、三权分立等新的民主思想所取代，从而成为真正意义上的革命。法国大革命摧毁了法国的君主专制统治，传播了自由民主的进步思想，对世界历史的发展有很大的影响，震撼了整个欧洲的君主专制制度并给以沉重打击。"

如果说革命是辉煌的，那只是它的一面。其另一面，就是无度的杀戮。狄更斯在《双城记》中给出了一个残忍的特写：坐在断头台前的妇女们一边打毛线一边数着掉颅："22、23……"当断头台的速度跟不上时，革命者恢复了绞刑，当这还不足以填饱仇恨的血盆大口时，他们就用排枪射杀、用大炮轰击，甚至发明了底舱可以活动的船，将"罪犯"们集体溺毙！在业已查明身份的死者中，第一等级的教士占 6.5%，第二等级的贵族占 8.5%，而属于原第三等级的则占了 85%——这是一场不折不扣的面对全民的大屠杀！

200 年后，法国总统密特朗说过这样一段话："法国大革命就像生活本身一样，是一个混合物。它既鼓舞人心，又令人难以接受。在大革命中，希望与恐怖交织，暴力与博爱杂陈。"对大革命的态度，很是五味杂陈。有论者云，法国大革命以及由此形成的法国人酷爱暴力革命的烂传统，只证明了法兰西民族缺乏政治智慧。相较英国，从 1688 年光荣革命一锤定音，到今天 400 年没有革命。法国人热衷造反杀人搞政治革命时，英国潜心搞工业革命，发展科技，抢在全世界前面走向了工业化，而且还好端端地供养着一个王室。

1793 年 1 月 21 日中午，年仅 39 岁的路易十六被送上了断头台。

路易十六很该死吗？事实上，路易十六宽厚、善良，堪称开明君主。阿克顿在《法国大革命讲稿》中呈现过路易十六的改革蓝图，"包括宗教宽容，人身保护令状，平等纳税，取消酷刑，中央权力分散，地方自治，新闻出版自由，普选权，在官方不提出候选人和施加影响的情况下进行选举，定期召开三级会议，议会有通过投票决定拨款、提出立法动议、修改宪法的权力，大臣责任制，平民阶层在法国议会中拥有两倍代表人数等"。

"一切社会问题归根结底都是经济问题"，这句话或许有些偏颇，但当我们追寻各式各样社会问题的根源或者起因时，总会溯源到经济因素。法国波旁王朝的倾覆也不例外。从 1774 年路易十六派军参加北美独立战争，到 18 世纪 80 年代，政府的债务已经占国家税收的一半以上，陷入了严重的财政危机，每任财政大臣的首要任务就是想办法增加税收。然而，对民众的压榨已经到了极限，农民收入的五分之四已经通过各种名义被掠夺了过来。增加税收的唯一办法，就是向过去享有免税权利的教士和贵族们征税。

大革命前法国社会的基本利益格局是：占人口总数 1% 左右的贵族、教士占有法国 55% 的土地。他们享有法国的大部分财富却并不交付与他们的收入相应的税款，更糟的是，他们将纳税看作是身份低下的一种标志而加以抵制。农民人数在 2000 万以上，占总人口 80% 左右，而所拥有的土地却只占土地总数的 35% 左右；农民必须向教会缴纳什一税（欧洲基督教会向居民征收的一种宗教捐税，源于《旧约》时代），向贵族纳各种封建税，向国家缴纳军役税、所得税、人头税和其他杂税。在利穆赞这样的贫穷地区，一个家庭在各种税负之余，每年只剩下125 ~ 150里弗尔（法国古代货币）维持生活，难以糊口。

波旁王朝已经坐在民怨沸腾的火山口上了，而贵族们依然坚持认为，免税是他们古老的特权，他们一定要保护自己的这一特权。由于贵族的顽强抵制，连续几任试图以向贵族征税的方式解决财政危机的财政大臣，都先后被迫下台。后来的结局大家都知道，在大革命的烈火中，贵族的特权，连同整个波旁王朝玉石俱焚。这个结局并不是贵族们想要的，但是，历史不会给任何人吃后悔药的机会。官玉振教授将法国贵族的这种愚蠢称为"一个阶层的短视"。

托克维尔在他的名著《旧制度与大革命》中也对繁苛赋税下挣扎的农民处境作了生动的描述："他们守候在河流渡口，向他勒索通行税。在市场上，他又碰上他们，必须向他们交钱以后才能出卖自己的粮食。他不得不到这帮人的磨坊里磨面，用这帮人的烤炉烘面包。不管他干什么，处处都有这些讨厌的邻人挡道，他们搅乱他的幸福，妨碍他的劳动，吞食他的产品……而且夺走了他绝大部分的收入。请设想一下这位农民的处境、需求、特征、感情，并计算一下——若你能够的话——农民心中郁积了多少仇恨与嫉妒？"

法兰西民族缺乏政治智慧吗？一个命题。如果说，政治智慧就是朝野善于避免流血冲突，能够选择使用和平手段化解利益争端，以平滑渐进的态势和最小的动荡成本来达成社会进步的职能，那么，这其中最关键的构成，当少不了"识时务，顾大局，肯吃亏，愿妥协"等要素吧。而这些责任，只有国王和贵族们才可以承担，才有资格承担。可见，雷颐先生说"是统治者的顽愚引发了革命"，归因精准。"不见棺材不掉泪"明显属愚蠢之举，那么，预见到棺材就赶快掉泪并迅速吃药的人，才算得上聪明人——像英国人。

延伸阅读

- 索布尔《法国大革命史》
- 斯塔尔夫人《法国大革命》
- 乔治·鲁德《法国大革命中的群众》
- 托克维尔《旧制度与大革命》
- 柏克《法国革命论》

作者简介

雷颐，历史学硕士学位，现任中国社会科学院近代史研究所研究员。其研究方向为中国近代思想史、中国近代知识分子与当代中国史等。著有《李鸿章与晚清四十年》《取静集》《时空游走：历史与现实的对话》《雷颐自选集》《经典与人文》《图中日月》《萨特》《被延误的现代化》《历史的进退》《历史的裂缝》等。

精彩快读

- 虽然是英国的殖民地，但最早到达澳大利亚的欧洲人并不是英国人，而是荷兰人。荷兰人虽然发现了这块大陆，但对它评价很低，认为这是一块荒凉贫瘠的土地，又没有黄金，没有开发的价值。

- 库克船长的功劳是，他把澳大利亚描绘成土肥草茂的地方，推翻了荷兰人的悲观论调。而且，他的结论建立在大量实地考察的基础上，记录很翔实，可信度很高。

- 繁荣的澳大利亚并不是某个人、某个组织，或英国政府刻意设计出来的产物。当初甚至没有人能预见到澳大利亚会发展成为一个发达社会。从流放地到富裕国家，看上去非常神奇，甚至不可思议，但并不轰轰烈烈。

背景介绍

　　澳大利亚曾是英国19世纪流放本国犯人的地方，大英帝国在澳大利亚设立了数千所监狱。殖民者到来前，澳大利亚简直就是原始社会，英国殖民者大大加速了澳大利亚经济的发展，荒芜的大陆被初来乍到的殖民者注入了文明的血液以后，成为了世界经济中的一块拼板。

澳大利亚，从罪犯流放地到发达国家

李子旸

提到澳大利亚，许多人都以为那是最初由流放犯组成的国家，那里的人民都是罪犯的后代。其实，真正建立和发展澳大利亚的，不是什么罪犯，而是自由的、优秀的、有自尊的人民。而让这些人民能够建设伟大国家的，不是有形的自然资源，而是无形的自由制度。

澳大利亚以前是英国的殖民地，主要用来流放英国的罪犯，这一情况众所周知。一个用来流放犯人的地方最终变成了一个发达富裕的国家，怎么变的？澳大利亚没有侵略掠夺过其他国家，也没有什么经济基础——殖民者到来以前，这里基本是原始社会。当然，澳大利亚的自然资源很丰富，但许多发展中国家的自然资源也很丰富，怎么就没有像澳大利亚这样发达富裕呢？

虽然是英国的殖民地，但最早到达澳大利亚的欧洲人并不是英国人，而是荷兰人。17世纪初，在荷兰东印度公司的指挥下，为了寻找黄金，一艘荷兰探险船发现了澳大利亚这块陆地。Australia的意思是"南方大陆"，以后的几十年间，又有其他一些荷兰人来到这里。

荷兰人虽然发现了这块大陆，但却认为这是一块荒凉贫瘠的土地，又没有黄金，没有开发价值。因此荷兰人没有进一步考察或者占领，基本放弃了这块大陆。而且，荷兰人对这块大陆的描述让欧洲人在很长时间对这里不再有兴趣，第一波殖民潮和澳大利亚无关。

继荷兰人之后，英国人来到了这里。当时，英国人正在全世界与法国人争夺利益，两国在许多地方彼此争斗：在北美，法国人被英国人打败，失去了大片殖民地。法国人转而在太平洋加紧探索，看到法国人的行动，英国人也加快了步伐。1768 年，库克船长率领一艘探险船启航出发，前往南太平洋。

库克船长率领的这批人中，有好几个是后来在澳大利亚的历史中发挥了重要作用的人。库克船长的作用最大，被称为"澳大利亚之父"。

库克船长的功劳是，他把澳大利亚描绘成土肥草茂的地方，推翻了荷兰人的悲观论调。而且，他的结论建立在大量实地考察的基础上，记录翔实，可信度高。

库克船长考察后没多久，北美就打起来了。英国一向有把罪犯送到海外的习惯，美国独立以前，北美是英国流放罪犯的主要地区。美洲人对这种做法深恶痛绝，但英国是宗主国，说了算。美国独立以后，首先就把这事给解决了，不再接收来自英国的罪犯。英国人没办法，只好在泰晤士河上弄了一批废船，用来关押罪犯。时间一长，罪犯越来越多，逐渐人满为患，据说最多时有十万之众，社会日益不安。好几万凶徒被关在不远处河上的废船里，的确没法让人放心。

英国政府开始着急，寻找解决问题的办法。这时，一个参加了库克船长探险的人提出，可以把罪犯送到遥远的澳大利亚去。英国政府犹犹豫豫，一时拿不定主意，决定还是在其他方向先试试再说。

先是打算把罪犯卖给美国南方的种植园，没卖成。后来又有人建议把罪犯送到非洲西南部的冈比亚，试着送去了一批，结果气候太恶劣，被送去的人死去大半。本来是流放，这一来变成死刑了，议员们纷纷抨击政府残忍，政府无言以对。这时，有人又想起了澳大利亚，另一个参加了库克探险的人给国务大臣悉尼写了封信，主张发展澳大利亚这块殖民地。

对，就是这个悉尼，澳大利亚名城的名字就取自他的名字。悉尼看了信后，很重视，研究后做出了决定：就是澳大利亚，把罪犯送到那里去。

当然，国务大臣悉尼并没有预料到澳大利亚的美好未来。他之所以这样打算，只是因为在他看来，把澳大利亚当作罪犯流放地，无论是在经济还是其他各方面都比较合算。

1787年，第一艘运送罪犯的船离开英国，驶向澳大利亚，于第二年年初到达澳大利亚。他们在今天的悉尼上岸，并给这个地方起了"悉尼"这个名字。

这次航行，英国方面并不是特别重视。船上的人基本上只有罪犯和看守，没有太多的技术人员，上岸以后发现情况并不像原来设想的那么轻松，因为需要进行不少建设，可又找不到会干活儿的人，结果大家陷入困境之中。怎么养活这帮人呢？

罪犯往往都是游手好闲之徒，很少有人能做工匠。而且，没有严厉的监督，这帮人是不肯干活的。连造个房子都耗时费力，永久营地18个月后才建起来。由于不懂技术，他们种的庄稼收成很差，根本不够吃。很长时间内，去澳大利亚的这些人的吃食，还要不远万里从英国运过来。远隔重洋，一旦运输船出现问题，身处澳大利亚的英国人立刻就有挨饿之虞。

1790 年就是一个艰苦的年头，食物不得不配给发放，并打发一大批人去附近的海岛自谋生路。这些人到了那里，依然吃不上饭，好在海岛附近海鸥比较多，于是他们就大肆屠杀海鸥充饥。

这种局面让澳大利亚总督和英国政府都很头疼。本以为把罪犯送到澳大利亚就可以省钱，结果这块殖民地却久久不能自立，总要靠英国本土养活。到 1800 年，这已经耗费了英国政府 100 万英镑，这简直比把罪犯关在英国本土还要费钱。必须得做一些改变，英国政治家一向不耻于言利，相反，他们总是把利益计算得明明白白地说出来。因为经济不合算而改变政策，在英国人看来很正常。

澳大利亚总督向英国政府表示，仅靠罪犯是干不成什么正事的，还得想办法招一些自由民过来。几经请示，英国政府终于派来了 50 名自由的农民。在他们的技术支持下，农业果然大有改观，开出了好几千亩土地，产量增加不少。看到招揽自由民的政策如此有效，澳大利亚总督决定把这种政策推广开来，制定更多的优惠政策，吸引人们前往澳大利亚。

说到这里，就可以看出法律制度对于地方发展的重要性了。英国当初只是把澳大利亚作为一个海外监狱，垂直管理的程度很深，管理的军事化色彩很浓，殖民地当局没有权力制定任何法律。虽然如此，英国政府仍然赋予澳大利亚总督以权力发布关于治理殖民地的命令。这种命令在实际中就成为殖民地当地的法律。换句话说，总督是有相当的立法权的。

既然有了这个授权，澳大利亚总督就把英国本土的法律，或移植或修改，实在没有就新定，在澳大利亚逐渐建立起一套符合当地情况的法律制度。吸引自由民的政策就是这种法律制度的一部分。

吸引自由民的政策逐渐吸引来一些英国人。这些人相信，很有机会在这个遥远的大陆开辟自己的新生活。著名的小说《大卫·科波菲尔》当中，就有当时的英国人转而前往澳大利亚开创新生活的情节。显然，当时，去澳大利亚已经不再只意味着流放和艰苦了，更意味着机会和美好的未来。

1806 年，布莱出任澳大利亚总督。这位新官脾气不好，粗暴专制，引起了殖民地人民的不满。1808 年，一些军官发动政变，逮捕了布莱总督，此事被称为"一月政变"。一月政变让英国政府感到，需要加强澳大利亚的自治了，首先要在澳大利亚建立起咨议性质的立法机构。

不得不感叹澳大利亚的好运气。同样的政变，也许只有英国能得出要加强自治，而不是加强控制的结论。即使到了今天，又有多少国家能在这方面达到英国的政治智慧呢？

1823 年，英国颁布《新南威尔士法案》，赋予澳大利亚制定法律的权力，并成立了相应的立法机构。"1823 年法案"是澳大利亚发展的转折点。从这时起，澳大利亚不再仅仅是一个海外监狱，而成为和英帝国其他部分一样的高度自治的殖民地。

也许正是因为英国政府对澳大利亚的开明政策，澳大利亚与母国的关系一直十分融洽，甚至有些依赖。当其他白人殖民地纷纷谋求独立时，澳大利亚并没有什么举动，甚至要由英国政府来推动澳大利亚的自治。

随着澳大利亚的自治律法越来越健全，它不再是当初那个军事化管理的严酷之地，逐渐有了整套来自英国的适应工业革命的法律制度。而当法律制度确立以后，经济发展也就水到渠成了。

许多人把澳大利亚经济发展的起点定在 19 世纪初开始的大规模养殖绵羊，的确如此。当时的英国工业对羊毛的需求很大，有人尝试着把绵羊引入澳大利亚养殖，取得了巨大的成功。这吸引了许多企业家的注意，越来越多的人开始向澳大利亚投资，经营畜牧养殖业。这样，前来澳大利亚的就不仅仅是普通平民了，一些大资本家也选择移民到这里。这大大促进了澳大利亚的发展。

随着畜牧业的发展，澳大利亚社会各方面也逐渐发展起来。1820 年以后，悉尼已经完全呈现出发达大城市的面貌。在澳大利亚，人们已经可以享受到和英国本土同样的生活水准——也许更好。

繁荣的澳大利亚并不是某个人、某个组织，或英国政府刻意设计出来的产物。当初甚至没有人能预见到澳大利亚会发展成为一个发达社会。从流放地到富裕国家，看上去非常神奇，甚至不可思议，但并不轰轰烈烈。倒是那些想要轰轰烈烈、一举赶上的做法，往往南辕北辙、一败再败。

编后絮语

葛伦维尔们的救赎之作

简单看来，在澳大利亚的建国史上，英国的作用不容小觑。而李子旸先生的这篇文章，也存在着"简化的倾向"。事实上，英国在 18 世纪时仍落后野蛮，当时伦敦人口约为八九十万，罪犯就有 11.5 万，占伦敦人口的 1/10；伦敦娼妓有 5 万，占伦敦人口的 6%。从这些数据中，不难发现英国社会的种种痼疾。英国的下层阶级和犯罪阶级几乎完全重叠，罪犯形同奴隶，孤儿及罪犯子女被当作奴隶，可以买卖。可以说，18 世纪末到 19 世纪中叶英国与澳大利亚那段不人道血泪史，既是澳大利亚最大的疮疤，也是英国的黑暗痛史。只有到了近代，谈论才多了起来。对此，历史学家罗伯·休斯（Robert Hughes）写了一本《致命的海岸：罪犯遣送澳大利亚史》，可读。

1788 年 1 月 26 日，一支由 11 艘船舰组成的舰队将 548 名男罪犯与 189 名女罪犯送到澳大利亚，直至 1840 年，英国一共向澳大利亚送了 16 万名罪犯。犯罪者被流放到澳大利亚，面临着严峻的生存考验：有些罪犯很上进，拼命要成为自耕农，他们占领原住民长期活动的地区，成了原住民的掠夺者，双方的生死存亡斗争遂各自展开。澳大利亚的早期罪犯登陆地点如悉尼湾、靠近悉尼的霍克斯布里河流域、范迪门地区及澳大利亚的东部及南部海岸，成了"致命的海岸"。在澳大利亚成为罪犯流放地之前，当地的原住民大约有 500 ～ 900 个部落。这些原住民仍处于游牧和采食阶段，他们只有长矛，没有弓箭，对野兽的狩猎和追踪很有本领。这些原住民仍处于最原始的公社社会，没有酋长。当这种原始社会遭到了白人罪犯的社会介入后，两者的生存竞争必然特别惨烈。对此，罗伯·休斯的著作中也有记载。

澳大利亚女作家葛伦维尔的《我的秘密河流》则是更精彩的救赎之作。她是被遣送到澳大利亚的罪犯后代。为了寻根，她一直调查自己的家系，后来她发现自己的九世祖因为在伦敦码头偷了一点木材，就被判决流放到澳大利亚，并在澳大利亚成为自耕农，因而发家致富。但一路追踪后，她发现九世祖的勤劳固然是致富的原因之一，但他掠夺原住民土地，杀害原住民，那才是更大的原因。因此她旧地重游，完全按照以前的生活方式，去揣摩祖先辈的生活情境，将祖先的生活和罪恶重现。《我的秘密河流》这个书名出自著名的澳大利亚人类学者史坦纳（W.H.Stanner）的名言："在澳大利亚历史上，有一条神秘的血河，也就是由白人与原住民间的关系所构成的鲜血之河。"

在《我的秘密河流》中，葛伦维尔从她的先祖在伦敦的苦难及伦敦开始说起，到他被流放到悉尼，而后到悉尼北边的霍克斯布里河圈地，占领原住民土地，引发冲突，最后白人杀戮原住民，将土地永远占领的故事一五一十地写出来。这是澳大利亚文学史上从未有过的赎罪之作。

人类历史上，族群之间，有过太多的迫害与黑暗。今天存在的族群，他们的一些祖先的双手也会沾染鲜血，这些黑暗的历史都必须被记载，而且最好是由加害者的后代自己写出来。加害者的后代主动记载，比受害者的后代说出来更有意义。加害者的后代主动去发掘，去记载，表现了他们的良心觉醒和对罪恶的反思。可以肯定的是，今天澳大利亚对原住民的政策，在全世界是相对比较好的。

延伸阅读

- 罗伯·休斯《致命的海岸：罪犯遣送澳大利亚史》
- 莫理循《一个澳大利亚人在中国》
- 葛伦维尔《我的秘密河流》

作者简介

李子旸，现居北京。曾干过公务员、外贸公司职员、出版社编辑等多种职业，现为铅笔经济研究社成员、网站主编，媒体专栏撰稿人，曾经出版过《市场的力量》《经济学思维》，个人兴趣点为市场经济观念普及和中国社会现实问题分析。

精彩快读

- 一个国家的时势，亦即那个国家人民当时拥有的习气和智德状态，才是推动历史影响文明的主要动力，而不是少数贤君的出现。

- 这种为学问而学问的非功利的学习精神，很像当年爱因斯坦在瑞士伯尔尼当小职员时与朋友业余组织的"奥林匹亚学院"，爱因斯坦也认为"欢乐的贫困是最美好的事情"。

- 意思是说，神在造人的时候，授予每个人同等的权利，没有一出生就注定了贵贱不同的道理。

- 我们如果只是一味地主张自由，而不知道"自由的限度"，那么就会沦于任性、放荡。自由与任性两者之间的差别，在于是否妨害到他人。

背景介绍

福泽谕吉，日本明治维新时期西方近代文明的启蒙者与教育家。他毕生从事著述和教育活动，形成了富有启蒙意义的教育思想，对传播西方资本主义文明，对日本资本主义的发展起了巨大的推动作用，因而被日本称为"日本近代教育之父""明治时期教育的伟大功臣"。

福泽谕吉与明治维新

余楷

两年前，我去日本旅游，看到一万日元钞票上印着一个人的头像，问导游才知道，那是日本明治维新时期最著名的启蒙思想家福泽谕吉，他在日本家喻户晓，被称为"明治维新之父"。我一直对明治维新非常感兴趣，却对这位福泽谕吉知之甚少。

明治维新之谜

1868 年，日本开始了走向现代工业文明的明治维新，只经过短短二十多年便大见成效。1895 年，日本海军在甲午战争中击败清朝北洋水师，使中国割让台湾又赔巨款。1905 年，日本又在日俄战争中击败俄国，一跃成为世界列强之一，震惊了全世界。

日本明治维新为什么能取得如此快速的成功？为什么能在短短二三十年间，由一个落后锁国的封建国家一跃成为世界一流强国？为什么别的亚洲国家做不到？

这些谜团曾经吸引各国众多学者专家去研究明治维新，研究成果和专著可以说是汗牛充栋。但这些研究成果大多只在知识界的小圈子里流传，对广大民众没有太大的影响。中国知道明治维新的人很多，但了解其来龙去脉的人却很少，知道福泽谕吉及其思想的人就少之又少了。

《明治维新（附福泽谕吉传）》（吕理州著，海南出版社，2007年5月出版）一反传统学术专著的写法，用浅显流畅的文笔和讲故事的方法，生动地介绍了明治维新的来龙去脉和福泽谕吉的经历和思想。让人读后觉得，原来学术研究成果也可以这样表达，也可以这样深入浅出，也可以这样引人入胜！福泽谕吉写文章一贯流畅易懂，看来在研究福泽谕吉时，吕理州得到了他的真传。

读了这本书，最让人感到惊叹的是：福泽谕吉竟然对明治维新有如此巨大的影响！

福泽谕吉认为：一个国家的时势，即那个国家人民当时拥有的习气和智德状态，才是推动历史影响文明的主要动力，而不是少数贤君的出现。文明的进步或落后，不是操之于一二人之手，而是取决于人民的素质，统治者只是起到不妨碍的作用。统治者能不妨碍文明的进步就已经算尽到职责了，不可能直接去加快文明的进步，因为那是民间的事。这接近"人民创造历史"的观点，但他更强调人民精神状态的根本性作用。

正是在这种观念的指导下，福泽谕吉一生坚持在民间做启蒙大众的工作，数次拒绝了政府给他的官职和各种头衔。他长期坚持写书、办学、办报纸，在日本人民中产生了巨大而深远的影响。从某种意义上说，正是福泽谕吉长期的思想启蒙工作，催生了明治维新，他被称为"明治维新之父"可以说当之无愧。

惊人的学习精神

福泽谕吉出生于日本封建幕府统治的末期（1834 年），当时封建锁国的日本也面临"千年未有之大变局"，与中国一样，有沦为西方列强殖民地的危险。

1853 年，日本国门被美国军舰强行撞开后，福泽谕吉是"睁眼看世界"的第一批日本人。他很早就认识到，真正值得追求的是西方的学问——兰学（江户时代，经荷兰人传入日本的学术、文化、技术的总称）。他想方设法进入日本兰学大师绪方洪庵所办的"适塾"学习，从绪方洪庵那里得到的最宝贵教训是：写文章必须简单明白，尽量不用艰涩的字眼。他后来成为影响千千万万日本人的启蒙思想家，流畅易懂的文章是重要原因。

当时适塾没有毕业证书，更谈不上就业保障，但福泽谕吉认为："我们虽然粗衣淡食，表面上看起来是落魄的穷书生，可是思想却活泼高尚，觉得连王公贵人也比不上自己。""读书的时候，如果一味考虑自己的前途，考虑将来如何赚大钱、住华丽的房子、吃山珍海味、穿体面的衣服，把心全摆在这上头，那么书一定读不好。"他这种为学问而学问的非功利的学习精神，很像当年爱因斯坦在瑞士伯尔尼当小职员时与朋友业余组织的"奥林匹亚学院"，爱因斯坦也认为"欢乐的贫困是最美好的事情"。后来福泽谕吉发现，掌握英语，更容易学到西方文明的精华，他毅然从头开始学英文，开始通过主动拜师、自学、找同样兴趣的学习伙伴的方法，迅速学会了英文。他还不惜以仆人的身份挤进日本赴美考察团，到美国实地考察西方文明。在美国期间，他拼命找机会与美国人聊天，以增强英语会话能力。当别人忙着买各种新奇物品时，他却买了《韦氏辞典》和《华英通语》这两本书。《韦氏辞典》是当时美国最权威的词典，全日本还没有人买过。9 年后，福泽谕吉回忆说："那时候，我实在高兴极了，好像获得了天地间无上的至宝。"回国后，他立即翻译了《华英通语》，并在当年出版。这是当时日本唯一的英语入门书，极为畅销，连出了数版。福泽谕吉还由荷兰文改教英文，他开的私塾，成了江户（现东京）唯一教英文的私塾。

1862 年，27 岁的福泽谕吉又以翻译的身份随日本使节团出访欧洲，前后用一年时间考察了六个欧洲强国。与其他团员不一样，他不光注意先进事物的表面，还追根究底，想探明背后的原理。比如看到铁路，他便问清铁路运输是谁在经营，政府或民间？铺设铁路所需的巨额资金从哪里筹措？利润如何分配？他想弄明白，西方文明这朵花开得如此美丽的土壤环境是什么样的结构？他打定主意，要把这朵花连根带土移植到日本去。当别人买了钟表、望远镜、音乐盒等西方珍奇物品时，他却花光身上所有的钱，买了一大堆英文书，其中大都是百科事典和初等教育的教科书，他准备从开阔日本人的眼界和基础教育做起。

当时日本出现了类似中国义和团的"尊王攘夷"运动，全国充满了排外情绪，许多崇尚西方文明的洋学者被暗杀。福泽谕吉不畏艰险，决定扩大私塾，努力培养掌握西方文明的人才。他回乡挑选学生，不让他们参加内战，而是将他们接到私塾加紧培养。1866 年（明治维新前两年），福泽谕吉写出了介绍欧美见闻的书《西洋事情》，目的是让绝大部分没有出过国的日本人也能够大致明白西方文明的模样，让他们认清：西方文明无论在政治、经济或社会制度方面，都遥遥领先于日本。

《西洋事情》一出版，便空前畅销，包括各种盗版书在内，总共卖出了 25 万套，福泽谕吉成了全日本最知名的作家。当时日本各阶层、各派别的人议论国事和争辩日本何去何从时，都必须先把《西洋事情》读一遍，可见这本书影响之大。

后来福泽谕吉又争取到第二次赴美机会，他筹集到一笔巨款，在美国买了八大箱英文书，包括辞典、历史、地理、经济、法律、数学等各方面的内容，他简直想把西方文明知识全带回日本。回到日本后，他又写了《西洋事情》续集和《西洋旅行指导》，这两本书都成了畅销书。甚至当时的封建幕府将军也读过《西洋事情》，而且还读了不止一遍，可见福泽谕吉影响之大。

思想的力量

1872 年，37 岁的福泽谕吉写出了他一生的杰作——《劝学》。书一上市，立刻造成轰动。他接着写续集，仍然很畅销，他便一直写下去，坚持写了 4 年，一直写到 17 集。每集销量都超过 20 万册，17 集总销量达 340 万册。当时日本只有 3500 万人，许多人还不识字，却卖出去这么多册，真可说是惊人的畅销，福泽谕吉启蒙的效果有多大就可想而知了。

在《劝学》中，福泽谕吉说了一句在日本影响极大的名言："天在人之上不造人，在人之下也不造人。"意思是说，神在造人的时候，赋予每个人同等的权利，没有一出生就注定贵贱的道理。谁也不需惧怕谁，谁也不妨害谁，每个人都可以发挥自己的智慧，利用天下的物质，以满足自己的需要，快乐地度过一生，这是神的旨意。智者与愚者和身份贵贱的区别，是由有没有学问来决定的。努力求知的人就可获得富贵，没学问的人就贫贱。

福泽谕吉所说的"学问"并不是指认识艰深的字，能读难懂的古文，诵咏和歌、作诗等对社会没有实际用处的学问。他认为这些学问虽然能够抚慰人的心灵，有其价值，但也并没有那么重要。自古以来，很少有善于赚钱的学者，也没有擅长作和歌又擅长做生意的商人。因此，我们必须暂时放下这种用来打发时间的"虚学"，改学与日常生活密切相关的"实学"。例如日本拼音字母的读写法、信的写法、记账法、算盘的打法、天秤的称法等，学完这些之后，再进一步学地理学、物理学、历史学、经济学与修身学。这些学问无法从中国的古书中获得，必须读西洋书，并且最好能读原文书。只要是人，无论什么样的身份地位，都必须拥有实学的教养。有了这种教养后，每个人才能尽到自己的本分，使个人和家庭获得独立，进而使整个国家成为真正的独立社会。

福泽谕吉特别强调，读书人必须知道一件很重要的事：人的权利是有限度的。上天赋予每个人权利，这样的权利不受任何其他人的束缚，都自由自在。但如果我们只是一味地主张自由，而不知道"自由的限度"，那么就会沦于任性、放荡。自由与任性两者最主要的差别，在于是否妨害到他人。

福泽谕吉不但主张人与人平等，更主张人民与政府平等。如果人民对政府有什么不满，不必压抑在心里，大可堂堂正正地通过有关机构，心平气和地、毫无保留地向政府诉说自己的主张。如果这个主张合乎天理、顺乎人情，那么即使冒着生命危险，也必须和政府争到底，这样才算尽到了国民的本分。个人也好，国家也好，都是基于天理而拥有独立与自由。因此，如果国家的独立遭受到侵害，即使与世界万国为敌也无需惧怕。如果个人的自由被人妨害，即使对方是政府官员，也不必客气。政府之所以残暴，都是由于人民的无知造成的。人民有什么样的水准，就有与其相称的政府和政治。法律之严厉或宽大，完全随着人民的品行高低而定。如果人民想避免暴政，就得赶紧读书求学，充实自己的才能品德，把自己的地位提高到与政府同等。

福泽谕吉认为人民对政府不应有感恩的心态。设定法律、保护人民本来就是政府应尽的职责，怎能说是"恩"呢？如果说政府保护人民是"恩"，那么人民缴税给政府何尝不是"恩"？因此，身为人者，应该时时刻刻记得权利平等的精神，这是人类社会最重要的一件事。可以说，这种现代公民意识，直到今天仍有重大意义。

福泽谕吉对当时媒体知识分子与政府的关系给予了尖锐的抨击："现行的出版条令并不是很严苛，然而报纸不仅从未刊登批评政府的文字，政府稍微做点好事，便言过其实地歌功颂德，简直就像是娼妓在取悦客人。再来看看写给政府的建议书，这些建议书可说是极尽卑屈之能事，仿佛把政府当成了神一般尊崇，卑贱的自己则像罪人一般。官吏和人民都同样是人，可是这些建议书却故意践踏自己，真是恬不知耻。"

福泽谕吉认为学问分为物质学问和精神学问两种，无论何种学问，目的都在于拓宽自己的知识与见闻，并借此养成判断事物的能力，以及明白身为人所应背负的使命。如果只是识字，而不知道事物的道理，便称不上是真正的知识分子。明白处世的方法是学问，调查金钱的出入是学问，了解时代的动向也是学问，而且这些是与生活密切相关的活学问，只会读汉洋书籍则不算是学问。这种把培养独立思考、独立判断能力和以活学问为社会服务的使命感作为学习目的的主张，与爱因斯坦的观点不谋而合，对当今教育仍有深远的指导意义。

福泽谕吉指出：所谓人权，是指每个人的生命都很贵重，每个人的财产都不得被侵犯，每个人的尊严与名誉都不得被损伤。只要不妨害他人，每个人都有满足欲望的权利。福泽谕吉如此超前地具有了现代人权意识，真是难能可贵。

除了平等，福泽谕吉还特别强调独立的重要性。他深刻指出："我们不能以外观来衡量一国是否文明。学校、工业、陆军、海军，这些都只是文明的外观。想要拥有这些并非难事，只要用钱买就行了。可是另有一种无形的东西，这个无形的东西，眼睛看不见，耳朵听不到，不能买卖，也不能贷借，可是它却能够普遍存在于国人之间，发挥很大的作用。没有这样东西，学校、工业、陆军、海军等外观都无法发挥真正的功能，这可以说是文明的精神，是非常重要的东西。它是什么呢？它就是人民的独立精神。"一个国家真正的崛起，在于其人民独立精神的普及，而不仅仅是经济实力的强大。

福泽谕吉认为，所谓独立，是指自己能够支配自己，没有依赖心。自己能够判断事物的是非，而采取正确处理方式的人，便可以不依赖别人的智慧而独立，独立首先要做到经济独立。没有独立精神和能力的人，往往把自己当作国家的客人，把保卫国家的责任完全交给主人，国事与自己无关。人数很少的主人无法维持一国的独立。没有独立精神的人一定会依赖别人，依赖别人的人一定会怕别人，怕别人的人一定会阿谀别人。经常怕别人、阿谀别人的人，日子久了，就会习惯这套模式。他们的脸皮厚如铁甲，该羞耻的不以为耻，该主张的不敢主张，一看到人就反射性地弯腰。这种没骨气的小人，一碰到目中无人的外国人，自然胆战心惊，不敢为国家争取权益。在国内没有独立地位的人，对外自然也无法独立。所以，个人的独立决定了国家的独立，越是有独立精神的国民就越爱国，越是没有独立精神的国民越不爱国。爱国之士不论朝野，应先谋求自己的独立，倘若还有余力，便帮助他人独立。父兄帮子弟独立，教师劝学生独立，士农工商全民都独立之后，自然可以保卫国家。总之，政府与其束缚人民，自己忧劳国事，倒不如解放人民，与人民同甘共苦，这才是明智之举。

独立精神如此重要，那么怎样才能具备独立精神呢？福泽谕吉告诉人们首先要学会怀疑："在相信的世界里，有很多伪诈；在怀疑的世界里，反而有很多真理……文明进步的原因，在于人类不断地研究自然现象与社会现象的运作本质，而挖掘出其真理。西洋各国为什么会达到今日文明的境界呢？追本溯源，应归功于'怀疑'二字。伽利略因怀疑传统的天文学说，而发现地球绕着太阳旋转的现象；加尔瓦尼看到死青蛙的腿微微抽动，起了疑惑，而发现动物体内的感电现象；牛顿看到苹果掉落地面，也起了疑惑，而发现引力的法则；瓦特对水壶的热气感兴趣，怀疑是水蒸气的作用，最终发明了蒸汽机。以上这些例子，都是先经过怀疑的过程，最后抵达真理。不只是自然科学领域如此，社会的进步也有赖于怀疑精神。托马斯·克拉森因为怀疑贩卖奴隶的不合理，四处奔波，终于断绝了这个天底下最大的毒害；马丁·路德因为怀疑罗马旧教的荒诞，起而倡导宗教改革；法国人民因怀疑贵族的跋扈，而引发大革命；美国十三州人民因为怀疑英国法令的正当性，而独立成功……在西方，某个学说出现之后，立即有另一个学说出来反驳，异说源源不断，争论绵延不休。相反，亚洲各国人民，轻信虚诞妄说，沉溺于巫蛊神佛，或者深信圣贤的话，直到万世之后还无法摆脱。西方与东方，两者在见识的优劣上，或志气的勇怯上，差距大得无法相提并论。"

福泽谕吉对在日本影响巨大的儒家学说给予了严厉批判，他指出："后世研读孔子思想的人，必须把时代因素考虑在内，善加取舍。如果到了现在，还有人全盘接受孔子的思想，那就是不懂事物的价值会随时代改变而改变的道理。跟这种食古不化的人没什么好谈的。""清国是个拙于改革的国家，一两千年来，始终守着古人说的话，丝毫不懂临机应变。他们患了自大症，以为自己的国家是全世界最优秀的国家，因此从不向他国虚心学习，也不力图改革。"

福泽谕吉深知启蒙之难，他特别强调洋学者在民间身体力行的模范作用："如今，为了促进我国文明，必须先把深植人心的旧习一扫而尽。可是，要怎么个扫法呢？这很难靠政府下令，也很难靠个人说教，一定要有一批人站在民众的前头，身体力行，做民众的模范。这批能够成为民众模范的人在哪里呢？他们不在农民之中，不在商人之中，也不在国学者或汉学者之中，只有洋学者才能担此大任……可是他们读了洋书之后，要么不了解洋书的真正含义，要么是了解其含义后，却不身体力行。这些学者只知做大官，而不知做大事，他们只想在政府中谋求一官半职，却不愿在民间做事……民间的事业中，十有八七都与政府扯上关系。于是，世人越来越被这股风潮影响，他们由崇拜官方转而依赖官方，由惧怕官方转而献媚官方，没有一点发挥独立心的勇气。这样的丑态实在不忍直视。"

福泽谕吉认为："创造文明的主要力量，不是来自上面的政府，也不是来自下面的民众，而是来自两者之间的中间层。从西洋各国的历史可知，商业和工业，没有一样是政府创造出来的，而是位于中间层的知识分子竭尽心智所促成。蒸汽机为瓦特所发明，铁路的出现是史蒂文森的功劳，首先论述经济原理而改变商业手法的则是亚当·斯密。这些人都是所谓的中产阶级，非政府官吏，也非劳工小民……政府的工作应该只是不妨碍他们，让他们自由创造，并且体察人心之所向，而给予保护。因此，创造文明是民间的事，保护文明则是政府的事。"特别难能可贵的是，在男尊女卑观念极为强烈的日本，福泽谕吉大力提倡女权："男人是人，女人也是人。以对社会的用处而言，天下没有一日可以不要男性，也没有一日可以不要女性。二者的用处一样大，不同的只是男人力气大，女人力气小罢了。"福泽谕吉认为："日本是女性的地狱"。他指出，在古代日本，女性其实与男性地位平等，后来因为受到封建家长制的影响，女性地位才一落千丈。他大力主张通过教育来提高女性的地位："女子教育的目的在于让女性获得知识，了解事物的道理，并懂得捍卫自己的权利。"他对丈夫提出这样的要求："身为丈夫者，应该分担妻子的辛劳，即使外面工作繁忙，也必须抽空帮助妻子养育子女，让妻子偶尔可以获得休息。"他认为："洗衣煮饭维持一家的清洁卫生，以及养育子女等，都是人生居家的重要事情，这与男人在外面的工作相比，没有难易轻重之别。"他还认为婚姻是男女间的契约，如果夫妻有一方淫乱不德，冷落对方，就是毁约行为，被害的一方可堂堂正正地向对方问罪。他还极为前卫地主张男女结婚后，可从双方姓氏中各取一字，作为夫妻的共同姓。

福泽谕吉写的《劝学》在日本产生了巨大而深远的影响。1873 年 7 月，日本政府公布了今后的教育方针：

1. 过去的学问只属于武士阶级，与庶民和女性无缘。今后必须普及教育，让全国没有一位文盲。

2. 过去的学问只偏重于文字的记忆暗诵，与实际生活脱节。今后的学问必须对日常生活有直接用处。

3. 过去的学问是为了国家，今后的学问则必须为个人，让每个人都有独立生活的能力。

这三点教育方针全部抄自福泽谕吉的《劝学》，可见《劝学》影响之大。

明治维新之父

福泽谕吉深刻地认识到：现代文明的核心是科学精神和科学方法的普及，他最被人称道的是对科学和科学家的极大尊重。1893 年，他在题为"人生的乐事"的演讲中，吐露了一个长久的梦想：希望有朝一日，能够设立一个研究所，挑选五至十名学者，让他们衣食无忧，能够终身在研究所里专心研究学问。他们想研究什么学问，完全不干涉，任凭他们自己自由决定。他说到做到，后来他两次自己出钱，为日本著名的细菌学大师北里柴三郎建立研究所和医院，还怕北里柴三郎因杂务缠身无法专心于研究，特地派了一个门生去负责医院的经营管理。福泽谕吉的这些做法和他一贯推进日本的文明进步思想是一致的。

在福泽谕吉的影响下，日本在明治维新前后出现了大批启蒙思想家和洋学者，他们从思想深处影响了日本大众，也影响了知识分子和政府官员，促使全社会和政府官员全面向西方学习。1871 年，明治新政府做了一件史无前例的事：派遣了一支由 46 名政府官员组成的使节团到欧美各国考察。这个使节团包含了新政府近一半的决策官员，其中包括"维新三杰"中的"两杰"大久保利通和木户孝允，可以说是政府精锐尽出。这个以右大臣岩仓具视为团长的、平均年龄只有 30 岁的考察团耗时一年零九个月，先后考察了 12 个欧美国家，全面深入地了解和学习了西方文明的精华，回来后极大地推进了明治维新的进程，加快了日本全面进入工业文明的步伐。

1901 年 2 月 3 日，这位日本近代最有影响力的启蒙思想家与世长辞，享年 66 岁。出殡当日，有 15000 人参加送葬，很多群众站在道路两旁目送。福泽谕吉的一位门生捧着他的牌位，牌上的法名是"大观院独立自尊居士"。"独立自尊"正是福泽谕吉一生的写照，也是他启蒙大众的思想核心。

当然，福泽谕吉的思想中也有一些反动霸权的内容，比如他主张日本"脱亚入欧"，与亚洲落后国家划清界限；在国家危急情况下国权应当暂时压抑民权；主张用武力逼迫中国和朝鲜开放进步等。他以传播文明的名义公然主张侵略亚洲落后国家，这为后来日本提出的"大东亚共荣圈"奠定了理论基础，也为日本侵略中国提供了思想依据。他对西方文明过于深信不疑，缺乏对其弊端的深刻思考，这在一定程度上违背了他自己倡导的怀疑精神。

编后絮语

日本"兰学"的来龙去脉

大约在公元前 3 世纪，日本列岛还处于石器时代，中国的铁器文化和农业文明就传入了日本。公元 7 世纪，日本在经济、文化上都远远落后于中国，并且仍保留着许多氏族社会的残余。由于岛国自身缺乏文化创造性，因此，当时的日本先后派遣隋使和遣唐使到中国学习。隋唐两朝，日本至少 23 次派人到中国，这些人中有正使、副使、学生、和尚以及大量的水手、工匠等，人数由最初的 250 人增至后来的 500 人左右。船只数由 2 只增加到 4 只。日本人不仅吸收中国儒家文化思想和佛教等宗教思想，还学习中国的土地制度、法律、思想、语言文学、租税以及日常生活的衣食住行。日本在奈良时期以后，大量吸收了中国的文化和制度。

随着大航海时代的到来，日本开始了与西方文化的接触。最早的接触可以追溯到室町幕府时代。1543 年，一艘葡萄牙船第一次漂流到九州的种子岛，为日本带来了铁炮，史称"铁炮传来"；1549 年，西班牙传教士前来日本传播天主教，在传教的同时，还带来了一部分西方先进医术，并讲授天动说时代的天文、地理知识，只不过详细内容已不可考。1590 年，一批日本少年赴欧洲学习天主教，此时西方印刷术传到日本，日本翻译并出版了一批天主教书籍，包括《教理问答书》《伊索寓言》《拉葡日对译词典》《倭汉朗咏集》《日本大文典》等宗教、文学、语言学等方面近 100 种书籍。这一切，使日本人对世界的理解发生了变化。

明治初期，日本汲取西方文化，并迅速形成"文明开化"的浪潮。这并非突如其来，而是源于江户时代（1600—1868 年）中后期"兰学"的兴起与发展。兰学是指日本在锁国时代，通过荷兰人或者荷兰语移植、研究的西洋学术的总称，也包括来到中国的西方天主教传教士所编著并传到日本的汉文西洋学术著作。但"兰学"作为历史名词出现，则是以 18 世纪中后期野良洋、杉田玄白等人转译荷兰译本的解剖书——《解体新书》的出版为标志的。他们直接以兰书为媒介，开辟了真正研究、移植西洋学术之路。杉田玄白在其回想录《兰学事始》中写道，他们把翻译这本医学著作视为从事新学问的"创业"，并将其所从事的学问研究称为"兰学"。

1786 年 10 月，大槻玄泽在江户本材木町开设了兰学塾——芝兰堂，教育弟子。直到他去世前，大约 40 年时间，其门人达 94 人，几乎遍及全国，芝兰堂成为当时兰学的主流。同时，大槻玄泽还进行启蒙活动，他一生留下了许多著作和译著，其中有不少启蒙方面的著作，1783 年写成的《兰学阶梯》，作为具有代表性的兰学入门书，对兰学的发展和普及做出了重大贡献，以江户为中心发展起来的兰学，迅速扩展到全国。19 世纪初，兰学已在江户、京都、大阪、名古屋和长崎等城市的部分医生和少数知识分子中传播开来，在语言学研究、医学、天文学等方面取得了显著成果，同时还移植了新的科学部门，如植物学、化学、物理学等。

1837 年，美国要求通商贸易，以送还漂流民为理由，派遣"摩理逊"

号驰往日本浦贺港，幕府援用 1825 年发布的"驱逐外国船令"，下令炮击驱逐。为此，兰学家高野长英写了《戊戌梦物语》一书，说明外国情况，主张从人道上、外交上都应以礼相待，并批判了幕府的锁国政策。兰学家渡边华山也写了《慎机论》，否定锁国政策，批判幕府对美舰的炮击方针，指出日本在国力尚不充实的条件下，不可与西方列强武力对抗。他们的这种批判思想是幕府所不能容忍的，高野长英、渡边华山均因此遭到了镇压和迫害。

随着日本民族危机的加深，国防问题成了燃眉之急。尤其是清朝在鸦片战争中的惨败、日本在 1853 年被迫放弃锁国政策，引起日本朝野极大震动。一些有志之士开始探求克服民族危机的对策，并认识到西方科学技术的进步、军事力量的强大，因而主张学习西方科学技术。幕府开始有组织地大规模学习以军事科学为中心的西洋学术，并设立了一些新的研究机构：如 1863 年设立的开成所，培养了大批学者；1855 年成立的长崎海军传习所，培养了像胜海舟、榎本武扬这样的军事专家。幕府在引进西方科学技术的同时，还创办了长崎制铁所、横须贺造船厂等军工厂，成为日本近代科学技术发展的基础。

兰学是日本与西方文明接触后产生的一种新的学术体系，它不仅奠定了医学、天文学、数学、地理学、物理学和化学等学科在日本的发展基础，还是对日本传统的"华夷"观念和锁国制度的第一次具有意义的冲击。兰学学者在十分艰苦的条件下，跳出中世纪的思想藩篱，打破民族的片面性与局限性，把目光转向先进的西方近代文明。他们开始逐渐重视西方的科技、军事与政治经济制度，这与明治维新初期提出的口号是相吻合的。而这种思想也为后来在明治维新中正式提出"Learn from the West"奠定了思想基础。还有，当时兴起的兰学私塾也为后来的明治维新培养了大批人才，譬如，福泽谕吉就曾就读于绪方洪庵的兰学私塾适塾。

延伸阅读

- 吕理州《明治维新（附福泽谕吉传）》
- 威廉·G.比斯利《明治维新》
- 柳田国男《明治维新生活史》
- 丸山真男《福泽谕吉与日本近代化》
- 福泽谕吉《福泽谕吉自传》
- 加藤祐三《黑船异变》
- 泽井信一郎《福泽谕吉》（电影）

精彩快读

- 如果说弗朗西亚是国家的奠基者，那么洛佩斯就是国家的建设者，正是他缔造了四通八达的交通网、自给自足的财政和精干的政府。首都亚松森出现了近代化工厂，还有从欧洲买来的大炮和军舰。

- 由于一系列新仇旧恨，巴拉圭与巴西的关系无可挽回，1864年11月，一艘巴西轮船在亚松森被扣留，战争由此爆发。

- 对巴拉圭来说，这实际上是一种不幸，因为毁灭并没有猝然降临，而是成为一种漫长的折磨

- 他的死根本不是殉道，而是以最轻易的方式获得了解脱。更可悲的是，这场战争原本是可以避免的，为数不多的战机也被小洛佩斯的武断和鲁莽葬送。

背景介绍

　　巴拉圭战争是南美战争史上最为著名的、影响深远的战争之一，也是现代战争的起点。巴拉圭战争在世界战争史上尤为著名，战争异常惨烈，其惨烈程度难以用语言描述。巴拉圭战争导致了阿根廷和巴西对巴拉圭的长期占领，此外还吞并了巴拉圭一半的疆土。这是人类历史上一场史无前例的惨烈战争。

一个国家的自杀——19世纪巴拉圭战争始末

邢天宁

这是一个狂人发动的战争。在这场战争中，60岁的老人被编入军队，8岁的孩子也戴上假胡须跟成年人一起作战，连妇女们都必须忍饥挨饿。这场战争，使国家损失了超过一半人口……

战争前的巴拉圭

16世纪，来自欧洲的移民顺着巴拉圭河北上，开始在水草丰沛的地方定居，其间不时与瓜拉尼族发生冲突。最终，桀骜不驯的印第安武士被传教士的"福音之剑"驯服，作为这个过程的副产品，一大批混血人在这片土地上诞生，正是他们和原住民共同组成了所谓的"巴拉圭民族"。

作为殖民地，巴拉圭离国王太远，而殖民地官员又太无能。群众的不满在滋长，但怨恨针对的不是王室，而是新拉普拉塔总督区的"老爷"们，当后者于1810年5月宣布独立，要求周边地区加入"阿根廷共和国"时，巴拉圭人被激怒了。1811年5月，一面蓝色国旗在亚松森升起，人们高呼"不自由，毋宁死"，把土生土长的律师弗朗西亚推举为执政者。1840年，弗朗西亚溘然长逝，留给继任者一个贫困但稳定的国家，两年后，安东尼奥·洛佩斯被推举为总统。如果说弗朗西亚是国家的奠基者，那么洛佩斯就是国家的建设者，正是他缔造了四通八达的交通网、自给自足的财政和精干的政府。首都亚松森出现了近代化工厂，还有从欧洲买来的大炮和军舰。1862 年，老洛佩斯弥留之际叮嘱继承人索拉诺·洛佩斯："关于悬而未决的问题，不要试图用剑，而是用笔！"但小洛佩斯的反应却令人错愕："他终于要死了？"

"南美拿破仑"的野心

小洛佩斯具备败家子的全部特征。他曾作为特使访问欧洲，感受到了英国和法国的强盛，而巴拉圭又如此渺小，容纳不下他这个"南美拿破仑"。梦想和现实的落差让年轻的总统变得狂躁，长期悬而未决的边境问题更推动他去发泄怒火。

1863 年，南美国家乌拉圭爆发内战。由于担心反政府军力量被巴西控制，乌拉圭政府方请求巴拉圭进行调停，洛佩斯立刻发出了盛气凌人的照会，巴西政府也不甘示弱，向乌拉圭派出了军队。由于一系列新仇旧恨，巴拉圭与巴西的关系无可挽回，1864 年 11 月，一艘巴西轮船在亚松森被扣留，战争由此爆发。

在第一阶段，小洛佩斯兵分两路入侵巴西的马托格罗索地区，并迅速击溃了为数不多的守备部队。马托格罗索战役被小洛佩斯自比为"拿破仑翻越阿尔卑斯"，而这只是他狂妄计划的第一步，随后，他向阿根廷发去通牒，要求借道袭击巴西军队。阿根廷人感到自己被侮辱了，愤怒的居民涌上街道，将巴拉圭国旗撕成碎片。就这样，巴拉圭的敌人们全部联合了起来，巴西、阿根廷和乌拉圭三国同盟的兵力达到了巴拉圭军队的两倍。

6月，小洛佩斯的部队在里亚埃舒罗夜袭巴西舰队遭到惨败。战斗结束时，河面上都是熊熊燃烧的残骸，参加战斗的14艘巴拉圭舰船，只有3艘幸运逃脱。而沿巴拉圭河挺进的部队对此一无所知，在巴西南部的乌拉瓜里亚纳，他们被两倍于己的敌军包围，最终或死或降，全军覆没。

漫长的折磨

失去了大半部队的小洛佩斯没有屈服，而是继续用铁腕统率着部下。出于爱国热情，人民也坚定地和他站在一起。1866年4月10日，小洛佩斯派出1.2万人袭击敌军6万人，17日又派出3000人攻击对方的1.5万人，5月2日是6000人攻击4万人，数千名巴拉圭士兵面不改色地奔向前线，然后无怨无悔地死去。5月24日，在图犹蒂，巴拉圭2.3万名士兵踏出营地，最初横扫了外围防线，但联军预备队源源不断地抵达。暮色降临前，巴拉圭人抛下了5000具尸体，联军也付出了代价，他们的部队疲惫不堪、需要重整，将领之间矛盾重重、居心各异，这使小洛佩斯最终得以全身而退。但对巴拉圭来说，这实际上是一种不幸，因为毁灭并没有猝然降临，而是成为一种漫长的折磨：上至60岁的老人、下至10岁的孩子都被编入军队，妇女们都必须忍饥挨饿，从动物尸体中提炼硝石制作火药。延长这一痛苦的是几次回光返照式的胜利，其中一次发生在库鲁帕蒂。1866年9月22日，2万名联军在18艘军舰的掩护下发起进攻，他们错误地将炮火集中于一条无人堑壕，部队则排成紧密的队形挺进。一场意想不到的屠杀开始了，早已埋伏在侧翼的巴拉圭军队枪炮齐鸣，巴托洛梅·米特雷下令撤兵时他已损失了近万名部下，而巴拉圭人的伤亡人数不足 100。指挥这场战斗的不是小洛佩斯，而是名不见经传的何塞·迪亚斯将军。更讽刺的是，后者原本有机会歼灭对手，但来自总统"任何人不得贸然进攻"的命令却束缚着他。

最后的战役

乌迈塔失守，小洛佩斯开始在亚松森南部的丘陵地带构筑第二防线，但联军巧妙地通过一处无人区，威胁到防御力量的心脏地带。1868 年 12 月，一部分巴拉圭军队在依托罗洛和阿瓦埃进行了绝望的防御，最后几乎全军覆没，小洛佩斯则带领剩下的人马向北逃窜。联军本来有机会将他生擒，但将军们更愿意趁早拿下亚松森，1869 年 1 月 5 日，他们如愿以偿，但也使巴拉圭的苦难延长了 14 个月。

小洛佩斯率领着部下继续打游击，而且仍然斗志旺盛，经常令联军疲于奔命。不过他的兵力越来越成问题，连 8 岁的孩子也戴上假胡须跟成年人一起作战。他每天疑神疑鬼，怀疑周围形成了一个密谋集团。几百名无辜者因此被枪决，其中包括内阁部长、军官、两百多名外国人以及他的兄弟与母亲。很多人趁夜溜出营地，自愿为联军带路。意识到大势已去之后，小洛佩斯召集了全体部下，表示愿意战斗到死，"从而一劳永逸地结束整场战争"。

3 月 1 日，联军开始进攻营地，巴拉圭残军被击溃，小洛佩斯的长子被包围，有人看他是个孩子，决定劝降，但当时年仅15岁的他却说："一名巴拉圭上校绝不向敌人屈服！"小洛佩斯在混战中被长矛扎中，只能在助手的搀扶下踉跄行走。一名巴西将军要求他投降，但他始终挥舞着军刀，最后在肉搏战中毙命，死前留下了遗言"我与国家共存亡"。

战争终有代价

小洛佩斯生前没有什么丰功伟绩，反倒是这句"我与国家共存亡"成全了他的名声，但后人在赞颂他时容易忽略一点：当他喊出"我与国家共存亡"时，他的国家已经损失了超过一半的人口，占领军蹂躏着他的国土，经济陷入全面崩溃——昔日那个繁荣、兴盛的巴拉圭早已死去，化为一片巨大的坟场。换言之，小洛佩斯的死根本不是殉道，而是以最轻易的方式获得了解脱。更可悲的是，这场战争原本是可以避免的，为数不多的战机也被小洛佩斯的武断和鲁莽葬送。当然，有人认为他只是希望国家能够强大，但我们知道，在评价历史人物时，我们不仅要看动机，更要看其行为的直接后果，不管真实目的何在，事实上小洛佩斯只做到了一点——帮助他的祖国完成了"自杀"。

对巴拉圭来说，1864至1870年是历史的转折点，老洛佩斯苦心经营的近代化进程被彻底断送，随后社会陷入了一片乌烟瘴气。在亚松森，兵工厂倒塌的围墙残存了一个世纪，20世纪后，旅行者仍能看到被炸毁的烟囱底座，设备的残骸上生满了铁锈。几个衣衫褴褛的农夫生活在周边，他们说，有时晚上可以听到机器的轰隆声、锤子的敲击声、大炮的轰鸣声和士兵的吼叫声，但他们目不识丁，并不知道这一切毁于哪场战争。而更耐人寻味的是，直到今天，在拉丁美洲，仍然有政治家在用小洛佩斯的事迹牟取私利，试图以极端民族主义为自己拉选票。今天，那些一起疯狂高呼"我与国家共存亡"的民众是否知道，100多年前，巴拉圭人为了这句誓言，付出了多么可怕的代价！

编后絮语

"欧洲中心论"及其他

公元220～280年间的60年，是中国历史上的三国时代。魏蜀吴之间的攻守杀伐，被罗贯中写成了《三国演义》，流传甚广。但公元19世纪60年代的南美洲发生的"四国战争"，却没有几个中国人知道。

是的，人总是会更多地关注与自己直接相关的事情，但不容置疑的是，中国人的全球视野中，关注北美远甚于南美，关注欧洲远甚于非洲。这是为什么呢？对此，我们或许该去注意一个历史学概念——欧洲中心论。

黑格尔是欧洲中心论的标杆学者之一。他在《历史哲学》中宣称，世界历史虽然开始于亚洲，但是"旧世界的中央和终极"却是欧洲；而欧洲的"中心"，"主要的国家是法兰西、德意志和英格兰"。利奥波德·冯·兰克则无视欧洲以外地区的存在，单纯地将欧洲的历史发展过程视为全球历史发展的主体。

简而言之，所谓欧洲中心论，即"世界历史就是西方的历史"。至于北美，原本是英法的殖民地，文化、价值与生活方式与欧洲同源，可被视作"欧洲中心"的延伸地带。

毋庸置疑的是，"欧洲中心论"会让广大"欧洲以外"的国家和民族心里不舒坦。但事实上，他们在相当程度上都接受了"欧洲中心"这一文化取向。譬如，全球共用"公元纪年"，全球通用"格林尼治时间"。

当然，其根本原因在于文艺复兴之后的欧洲挟工业革命之风潮，在科技发展和社会进步上取得了"先发优势"，于是，在诸多领域成为"全球标准"的制定者。而"后发国家"欲想取得此种资格，还得着力于自身的社会、经济、文化与科技发展，而非单纯诉诸"转变观念"的努力。

介绍一本书，阿诺德·约瑟夫·汤因比的《历史研究》。汤因比认为历史研究的单位应该是社会而不是国家。根据他的观察，世界历史上先后出现过20多个文明，由此，构成了对"欧洲中心论"的反对和抨击。在书中，汤因比还对"文明的统一"的错误概念进行了批判。

他指出尽管西方文明可以"用它的经济制度之网笼罩了全世界"，但是在文化方面西方国家不可能把世界"西方化"。并且汤因比还分析了西方"历史统一论"的三种错觉："自我中心的错觉、'东方不变论'的错觉以及说进步是沿着一根直线发展的错觉"。

再介绍一本书，斯塔夫里阿诺斯的《全球通史》。他致力于编写一部能平等地对待各民族、各国家的世界史，声称要站在月球上看地球。该书采用全新的史学观点和方法，将整个世界看作不可分割的有机的统一体，从全球的角度而不是某一国家或某一地区的角度来考察世界各地区人类文明的产生和发展，把研究的重点放在对人类历史事件和它们之间的相互关联和相互影响上，努力反映局部与整体的对抗以及它们之间的相互作用。

这部通史被认为是第一部由历史学家运用全球观点囊括全球文明而编写的世界历史，建议阅读。

北京大学历史系教授马克垚先生认为："客观的世界史可以说自从有人类以来就存在，不管人类主观上是否认识到它，是否记载下来，是否编写下来，它都是存在的。如同亚欧大陆上的人不知有印第安人时，并非美洲印第安人不存在。根据这样的认识，我想我们可以说世界史也就是全世界的人类的历史，是全世的各民族、国家的自古及今的历史。"

从这个意义上来说，选择关注南美洲和150年前发生在那里的"四国战争"，所可能照亮的，不只是我们的"知识盲区"，也会是我们的"良心盲区"。

延伸阅读

- 爱德华多·加莱亚诺《火的记忆 1：创世纪》
- 斯塔夫里阿诺斯《全球通史》
- 阿诺德·约瑟夫·汤因比《历史研究》

精彩快读

- 在陆军大学里，掌握一门外语的学员都会被授予一条绶带。在 750 名一年级新生中获得这种绶带的凤毛麟角，凯末尔则因为掌握法语而获得了这项荣誉。

- 他一生都非常重视秩序、仪表和衣着，即便在利比亚沙漠的军营里也不例外。他严格整饬军纪，甚至亲自检查勺子和餐巾是否清洁。在他看来，这些是文明和开化的象征。

- 在政治上，凯末尔实行政教分离，大力清除各种宗教弊端，废除政教合一的哈里发制度，在伊斯兰世界第一次建立了世俗共和国，为伊斯兰教国家走向现代化开了先河。

- 凯末尔把毕生精力都献给了土耳其，他曾经说："我的微小的躯体总有一天要埋于地下，但土耳其共和国却要永远屹立于世界。"

背景介绍

　　穆斯塔法·凯末尔·阿塔图尔克是土耳其的军官、改革家、作家和领导人，土耳其共和国第一任总统、总理及国民议会议长，被誉为现代土耳其的肇建者。在他就任土耳其领导人的时候，凯末尔进行一连串政治、经济和文化上的变革，启蒙土耳其并让土耳其成为现代化和世俗主义的国家。

凯末尔：现代土耳其创建者

文非　刘作奎

穆斯塔法·凯末尔（1881—1938），现代土耳其的创建者。他被土耳其人尊称为"阿塔图尔克"，意为"土耳其人之父"。

他废除了政教合一的哈里发制度，在伊斯兰世界第一次建立了世俗共和国，为伊斯兰教国家走向现代化开了先河。

矢志从军

1881年，凯末尔出生在奥斯曼帝国统治下的巴尔干半岛南端城市萨洛尼卡（今属希腊）。他的父亲曾任海关职员，主张让他上新式学校，而固守传统的母亲则坚持要把他送进私塾学习宗教知识。父亲平衡了一下，让他先在私塾待了几天，然后再进新式学校。7岁的时候，父亲去世，凯末尔被迫辍学。

邻居卡德里少校威武的军装让少年凯末尔羡慕不已。他没有告诉母亲，偷偷参加了军事小学的考试。1891年，10岁的凯末尔成为一名小军校生。后来他跟同学说："当我穿上军装时，感到一种力量油然而生，仿佛我成了自己的主人。"

作为家里唯一的男孩，凯末尔性格孤傲。妹妹回忆说，凯末尔小时候做游戏，绝不肯弯下腰让别的孩子从自己背上跳过去，因为他认为弯腰有损尊严。18岁时，凯末尔以优异的成绩考入伊斯坦布尔陆军大学。

陆军大学生活艰苦，要求苛刻。军士长对学员喝斥打骂，伙食是简单的焖蚕豆、羊肉和米饭。凯末尔很快适应了这种生活，在他成为总统之后，焖蚕豆仍然是他最爱吃的东西。在陆军大学里，掌握一门外语的学员都会被授予一条绶带。在750名一年级新生中获得这种绶带的人实在是凤毛麟角，凯末尔则因为掌握法语而获得了这项荣誉。尽管学校规定除了教科书之外其他书都不许读，但他在熄灯之后还是偷偷阅读各种主张革新的书籍。法国大革命和普鲁士的崛起对他影响至深。

1902年，他以全年级第8名的成绩从陆军大学毕业，并顺利考取参谋学院继续深造。经过3年的学习，他以全班第一的成绩从参谋学院毕业，成为一名上尉参谋，正式开始自己的军旅生涯。

转战三大洲

从参谋学院毕业后，凯末尔被分配到驻叙利亚的第五军团，这是他第一次置身于一个非土耳其人的社会环境。正是在这种环境里，他的土耳其民族主义思想开始形成。一次，一个马其顿军官当着他的面贬低土耳其人，说他们连给阿拉伯人提鞋都不配，凯末尔勃然大怒。1906年，在从贝鲁特到大马士革的路上，他第一次开始思考如何在摇摇欲坠的奥斯曼帝国基础上建立一个土耳其国家。

1908年，他的校友恩维尔领导了土耳其立宪革命。凯末尔是这场革命的坚定支持者，但他主张军队不干政，为此险遭暗杀。

这一时期，他潜心研究陆军战法，努力将普鲁士的先进经验应用于实践。在一次演习中，仅是少校的他直斥一位将军指挥失当。在军官俱乐部的演讲中，他公开声称："奥斯曼帝国的高级军官都是无能之辈。军队的有效指挥系统最高也就到少校一级，未来的伟大统帅将从今日的少校中产生。"

1910 年，他随奥斯曼帝国军事观察团参观法国皮卡第军事演习。在坐火车去巴黎的路上，一出边境，他就摘下头上的土耳其圆筒帽，换上礼帽。他的同伴反对说："应该让人们知道我们是奥斯曼土耳其人。"当火车在塞尔维亚的一个车站停靠时，一个小孩指着他们说："该死的土耳其人。"他的同伴随即也将自己的提包折成一顶礼帽戴在头上。凯末尔深刻感受到衣着所蕴含的社会力量，心中萌生了以改变衣着为内容的社会变革的思想。

不久，凯末尔主动请缨去利比亚，与入侵的意大利人作战。他一生都非常重视秩序、仪表和衣着，即便在利比亚沙漠的军营也不例外。他严格整饬军纪，甚至亲自检查勺子和餐巾是否清洁。因为在他看来，这些是文明和开化的象征。

1912 年，巴尔干战争爆发。刚回到伊斯坦布尔的凯末尔受命防守黑海海峡。在巴尔干联军面前，受德国军官指挥的奥斯曼军队节节败退，凯末尔的家乡萨洛尼卡也被希腊占领。战争结束后，凯末尔愤然指出，把军队交给德国军事使团十分危险。

由于政见不同，他被派往奥斯曼帝国驻保加利亚使馆担任武官。在一次化装舞会上，他穿的 15 世纪奥斯曼近卫军团的制服引起所有来宾的兴趣。这身军服是他经陆军部长特批，从伊斯坦布尔的军事博物馆调来的，借机向各国贵宾炫耀奥斯曼帝国昔日的辉煌和土耳其人的勇武。

奥斯曼帝国唯一的常胜将军

1914 年，第一次世界大战爆发。看到国家领导层向德奥集团靠拢，凯末尔忧心忡忡。他断定"没有理由确定德国会打赢这场战争"。但他的意见并没有受到重视，奥斯曼帝国还是站在德奥一方参战。凯末尔要求去伊拉克前线抗击英军，但接到的命令却是率领第十九师保卫首都伊斯坦布尔的门户达达尼尔海峡。到达总参谋部后，凯末尔才知道第十九师还没有完成建制，他只能率领 1 个团的兵力去对抗英法联合舰队。

面对英法联军的进攻，凯末尔身先士卒。他向战士们发布命令："我不是命令你们进攻，而是命令你们牺牲！"经过血战，凯末尔的部队顶住了英法联军的猛烈进攻，为援军的到来赢得了宝贵的时间。

1916 年，凯末尔晋升准将，年仅 35 岁。他奉命赶赴东线与俄国作战，遏制了俄军进攻的势头。1917 年，从波斯湾北上的英军占领了巴格达，奥斯曼帝国举国震动。凯末尔被任命为第七军团司令，准备反攻。由于不满德国人担任集团统帅，凯末尔辞职，并退还了政府下发的全部经费，以至于自己连回伊斯坦布尔的车票都买不起。还是他的一个朋友用 2000 里亚尔给他买了匹马，解了他的燃眉之急。

1918 年，奥斯曼帝国新君瓦希德丁即位，重新起用凯末尔。面对英军的猛烈进攻，奥斯曼军队兵败如山倒，凯末尔只好放弃叙利亚地区，但他在托罗斯山脉一线构筑防线，令英军无法推进。

10 月，奥斯曼帝国投降。而此时的凯末尔已经是奥斯曼帝国军界公认的常胜将军。不过，在军队之外却没有什么人知道他，因为帝国陆军部长恩维尔出于妒忌，总是有意在嘉奖令上删去他的名字。恩维尔说："如果凯末尔成了将军，他就会想当苏丹；如果他成了苏丹，他就会想当神。"

缔造现代土耳其

1918 年 11 月 13 日，凯末尔在伊斯坦布尔火车站走下火车，首先映入眼帘的是 55 艘协约国战舰进占伊斯坦布尔的场景。对此他非常沮丧。

次年 5 月，希腊军队在土耳其西部港口伊兹密尔登陆，激起了土耳其人心中压抑已久的悲愤。他们认为，被过去曾是帝国附庸的希腊人占领，简直是奇耻大辱。

凯末尔被派往安纳托利亚监督军队遣散。在那里，他招募老兵，成立国民军，并通电全国，宣布国家和民族处于危难之中，号召东部各省联合召开国民议会。1920 年，大国民议会在安卡拉正式召开，凯末尔当选主席。

在 1921 年 9 月的萨卡里亚战役中，凯末尔指挥土耳其军队击退入侵的希腊军队。这是自 1918 年奥斯曼帝国投降以来，土耳其人第一次在战场上扬眉吐气。一年后土军收复伊兹密尔。

在伊兹密尔，凯末尔为选住所巡视了多所宅第。当他来到郊外海边的一所别墅时，见到了 24 岁的姑娘拉蒂法。美丽娇小、充满活力的拉蒂法一直仰慕凯末尔，她盛情邀请凯末尔留下，凯末尔便将司令部安在她家。拉蒂法多才多艺，凯末尔戏称她为"司令部的女司令"。据拉蒂法回忆："一天晚上，他用他那洞察一切的眼睛看着我，目光像海一样深。他说：哪儿都不许去，等着我，这是命令。"4个月后，他们在伊兹密尔举行了婚礼。

1923年7月，土耳其与英、法、意、希腊签订了《洛桑条约》。该条约承认土耳其是一个独立的国家。

大刀阔斧进行改革

对外取得胜利的凯末尔开始着手改革政治体制。大国民议会在1922年废除延续了6个世纪的奥斯曼苏丹制度的基础上，1923年10月，又通过修正案，宣布土耳其为共和国，凯末尔全票当选第一任总统。1924年，延续了将近1300年的哈里发制度被废除，奥斯曼王室全部被驱逐出土耳其。

在政治上，凯末尔实行政教分离，大力清除各种宗教弊端，废除政教合一的哈里发制度，在伊斯兰世界第一次建立了世俗共和国，为伊斯兰教国家走向现代化开了先河。他告诫人民："这个国家无论如何也要成为现代文明的国家。对我们来说，这是个生死存亡问题。"他警告那些反抗现代思潮的人："你们若要顽固地带着另一个时代的旧习，就会成为社会的弃民。我们不但要维持我们固有的一切，同时更要学习如何从西方获取一个进化民族不可或缺的东西。"

与此同时，凯末尔利用一切场合宣传教育的意义。他制定了文字改革方案。在巡视全国时，也随身带着黑板，教人识读新字母，人们亲切地称凯末尔为"首席教师"。凯末尔还废除了一夫多妻制，规定妇女同男子一样享有继承权和受教育的权利。

1923 年，凯末尔与希腊达成交换人口的协定。根据协定，110 万在土耳其的希腊东正教徒将迁往希腊，而 38 万在希腊的穆斯林将迁到土耳其。凯末尔试图以这种快刀斩乱麻的方式解决土耳其欧洲领土的民族问题。

凯末尔的婚姻后来出现不和谐的音符。善妒的拉蒂法总是抱怨丈夫过多地参加社会活动。一次拉蒂法硬要把丈夫从晚会上拉回家睡觉，夫妇俩公开发生口角。一天晚上，凯末尔很晚才回家，进门之前与门卫闲聊了几句，拉蒂法突然出现在阳台上，大声嚷道："凯末尔，你跟邻居的朋友们还聊不够，还要跟你的门卫交朋友吗？"

凯末尔非常喜欢孩子，可是他们一直没有孩子。1925 年 8 月的一个晚上，凯末尔离家去办公室过夜，他在给拉蒂法的信中宣布婚姻约束。

年过半百的凯末尔每天工作的时候总穿着亚麻睡衣、抽着香烟、喝着土耳其咖啡。据秘书说，他每天要喝 15 杯咖啡，抽 3 包烟。在一次招待会上，埃及驻土耳其大使头上的圆筒帽令凯末尔感到不快，他命令埃及大使立刻摘掉帽子，大使为免麻烦只能照办。事后埃及提出抗议，土耳其方面则特许埃及大使戴圆筒帽。

在国庆 10 周年的阅兵式上，凯末尔深情地说："谁把自己称作土耳其人，他将永远幸福快乐。"1934 年，大国民议会授予凯末尔"阿塔图尔克"姓氏。

1938 年 11 月 10 日，凯末尔去世，年仅 57 岁。

凯末尔把毕生精力都献给了土耳其，他曾经说："我微小的躯体总有一天要埋于地下，但土耳其共和国却要永远屹立于世界。"

编后絮语

凯末尔主义：以世俗化为中心的现代化改革

关于现代化，相关经典理论的判定依据是以6个现象及其综合效应：的时代，经济工业化、政治民主化、社会城市化、宗教世俗化、人格理性化，及由此而来的社会的发展与进步。有如马克斯·韦伯所言："我们的时代，是一个理性化、理智化的时代，世界祛除巫魅是这个时代的命运。"有如本顿·约翰逊的定义："世俗化是指意义体系中超自然因素的减少的变化过程。"基于此，宗教世俗化就成为现代化理念所衍生的一个重要的经典型的命题与预设，并认为随着社会现代化的进程，宗教必然衰退；政教分离、宗教的私人化势在必然；一个社会的文化、人们的精神与观念将逐渐摆脱宗教制度和宗教象征的控制；人们不再以宗教为标准来对待和解释世界与自己的生活。

土耳其共和国成立于1923年10月29日，能征善战的凯末尔当选首位总统。凯末尔早年就深深感受到奥斯曼帝国的专制与腐朽，他对欧洲文艺复兴、启蒙运动和法国大革命有深入研究，并注意到工业革命和议会民主制度给欧美国家带来的巨变，于是结合土耳其的国情和人民大众的反帝、反封建、争民主的革命斗争实践，逐渐形成了立国与治国的思想体系，即共和、民族、民众、国家、世俗、改革的"凯末尔主义"。

凯末尔的现代化、民族化、民主化改革，都同"世俗化"有密切的关系，因此凯末尔改革的总特点在于它是一次以"世俗化"为中心的现代化改革。土耳其民族不再从属于任何宗教，实行政教分离，将伊斯兰封建神权势力从国家政权、法律、教育和社会生活等领域全方位驱逐。

凯末尔的教育改革，提高了国民文化水平，培养了大批人才，为以后走向现代社会准备了条件。教育改革主要包括四个方面：第一，教育世俗化：规定学校必须在国家监督之下，取消宗教学校和神学课程；第二，教育现代化：学校必须向受教育者提供非宗教的现代化教育，向受教育者传授现代科学技术、文化知识和思维方式；第三、加强民族意识教育：土耳其语文、历史和地理课均需由土耳其教师担任；第四，推行义务教育和职业专科教育，兴办扩建高等学校。凯末尔的文化改革，旨在淡化宗教影响，树立土耳其的民族精神。包括两个方面，其一，文字改革：用拉丁字母代替阿拉伯字母；其二，编写教本《土耳其历史纲要》。文字改革有利于国际贸易交往，而且简便易学，同时也将民族主义与历史学相结合，加强了民族意识。

凯末尔的社会生活与习俗改革，废除了旧的习俗，有利于社会的发展和进步。主要举措为：第一，破除迷信和提倡科学的现代化精神：政府关闭了女修道院和坟院，取消了筛海、托钵僧一类人的活动，并禁止这类人用荒诞咒语治病误人；第二，历法改革：正式采用世界大多数国家通用的公元历；第三，采用姓氏：改变了土耳其人以往有名无姓的习惯；第四，称谓改革：取消了象征封建等级的旧称号和头衔，如帕沙，以贝依（先生）、贝扬（女士）等新称呼代替；第五，改革服饰和其他传统象征物：凯末尔身体力行，脱去传统服饰和军装，身穿西服出现在国人中间；第六，提高妇女地位：禁止一夫多妻制，女子除去面纱，提倡男女同校，给妇女以选举权。

凯末尔认为，奥斯曼帝国之所以腐朽落后，宗教对人们思想的束缚是一个重要的原因，因此必须把人们的思想从传统思想的束缚中解放出来。正是凯末尔推出以世俗主义为核心目标的一系列改革，开启了土耳其现代世俗化道路，奠定了土耳其现代化、民主化的基础，使土耳其走向现代崛起之路。富兰克林·罗斯福曾说："凯末尔为他的民族赢得了独立，也为自己赢得了世界的尊敬。""为了生存下去，土耳其必须成为现代世界的一部分。"凯末尔曾经指出，宗教并非是自古以来土耳其唯一的文化历史，仅仅是漫长历史的一个阶段，是整个区域文明的组成部分。他提出土耳其人是历史上所有伟大宗教熏陶的产物，但"土耳其民族不属于任何宗教"，因此世俗主义成为其必然的逻辑选择。

凯末尔开创的以世俗化为中心的现代化改革给土耳其带来了新生，使一度濒于灭亡的"西亚病夫"走上了民族复兴的道路。也使得土耳其顺利地度过了1929～1933年的世界性经济危机。"二战"后，土耳其的工农业继续迅速发展，60年代中期，基本上实现自给自足。凯末尔在他任职期间对政治、经济、文化和社会生活进行了一系列改革，奠定了现代土耳其的基础。凯末尔的改革在一定程度上改变了欧亚大陆世俗力量与宗教力量间的对比，对人类继续走向文明融合及民主进步做出了历史性贡献。如今，凯末尔已经离世近 80 年，但他的灵魂与思想精髓一直牢牢地植根于土耳其社会。

延伸阅读

- 悉纳·阿克辛《土耳其的崛起》
- 昝涛《现代国家与民族建构》

作者简介

刘作奎，辽宁大连人，中国社会科学院欧洲研究所国际关系研究室副主任，现中东欧室副主任，副研究员，日本青山学院大学客座教授，中国欧洲一体化史分会理事、副秘书长，中国中东欧研究分会副秘书长、历史学博士（2005 年）。著有《欧洲和一带一路倡议——回应与风险（2015）》《英国对法战略的历史和政治学考察（1914—1929)》。

精彩快读

- 虽然流亡在外，胡安·卡洛斯一世似乎从一出生就在西班牙的氛围里，不论他的家在哪里，父母身边永远围绕着许多西班牙人，其中不乏王室支持者。

- 选举得胜的一方，是获得包容对方、主导建设国家的机会，而不是获得一个利用民众给予的国家资源，去消灭对方的有利位置。

- 独裁体制本身以及地下反对派和地区独立运动的冲击，往往使得任何改革都处于进两步退一步的摇摆中，不可能有本质的转折。

背景介绍

　　胡安·卡洛斯一世，西班牙波旁王朝末代国王阿方索十三世的孙子，其父为巴塞罗那伯爵。胡安·卡洛斯幼时随其父旅居意大利、瑞士和葡萄牙等国。1947 年，佛朗哥宣布恢复君主政体并任国家元首，他选中胡安·卡洛斯为未来的国王并召其回国接受教育。1969 年 7 月，西班牙议会批准胡安·卡洛斯为未来的国家元首。他于 1975 年 11 月登基，王号为胡安·卡洛斯一世。

胡安·卡洛斯——一个国王的命运和理想

林达

胡安·卡洛斯一世是今日西班牙的国王，也几乎是西班牙人心中崇拜的偶像。在西班牙旅行的时候，看到国王的画像，和西班牙人谈起国王，回味一下，又感觉"偶像"的概念在这里有点不一样。他当然是一个政治人物，可是西班牙人对这位国王的崇拜，不是子民对国王的臣服，也不完全是对君主的敬意，里面还有一点"迷"的味道，如同在着迷一个明星。国王长得挺拔神气，在西班牙人眼中不是神话般高大领袖的形象，倒是有点对俊勇男子欣赏的意思，反过来，他们既赞赏他的平民化，同时又牢牢记得，这是他们时刻引为骄傲的君主。虽然今天胡安·卡洛斯一世在西班牙的位置、起的作用，和英国女王不相上下，可是，在西班牙人眼中，金色冠冕不是一个皇家摆设，这位国王在精神上是一个对西班牙有实际意义的支撑。西班牙国王胡安·卡洛斯一世来自欧洲最古老的皇室家族波旁王朝，却是现代民主西班牙的象征。西班牙人会永远记得，胡安·卡洛斯一世是西班牙民主转型过程中一个最关键的人物。

一、西班牙内战前最后的国王

今天的西班牙国王，1938 年出生在意大利罗马。他出生的时候，祖父阿方索十三世已经流亡海外。

阿方索十三世是西班牙内战前最后一位国王，他当政的时期，世界和西班牙政局都在激烈动荡。他竭力使得西班牙在第一次世界大战中维持中立，却无法应对十月革命对本来已经岌岌可危的国内局势的冲击。事后，历史学家说，在那个时候，西班牙只有"军队和无产阶级的对决"。这也是此后西班牙内战对决的基本阵营。

在局面终于面临崩溃的时候，1931 年，阿方索十三世选择了引退，流亡国外。历史书上记着这样一个故事：在最后时刻，他手下官员报告说要惩处抓住的反国王人士，阿方索十三世说了一句被载入史册的话："我再也不要看到流出一滴西班牙的血了。"史学家公认，他确实是想避免西班牙更多的流血冲突。可是，他在位的后期，西班牙已经是暴力冲突的流血之地，他能够做的，也就是洁身自好，让自己的手上不再更多地溅上西班牙人的鲜血。而作为一个君主，这等于是在承认，自己无力面对和处理国家的混乱。阅读西班牙历史，对欧洲君主制传统会有更多了解。无疑，君主把国家看作是"自己的"，可是，从另一角度说，这种传统也意味着，国王必须"爱自己的子民"，这是国王的责任。面对 20世纪最初 20 年里左右翼思潮涌入西班牙，在那块炙热干旱的土地上形成互不相让的冲突局面，面对暴力和混乱，阿方索十三世出走后还说过另一句被载入史册的话："我再也不爱我的人民了！"这句话所传达的绝望，大概只有王族能够真正地理解。

在他离开的时候，他看到了旧制度下君主的悲哀。临离开王宫的时候，他手下的人对他说，外面大厅里，有将近 50 个人在那里等候着和他告别。宫外的局面已经非常危险，他非常感动地说：我一定要见见他们，现在竟然还有人冒如此危险前来告别。当他走进大厅，他发现，那些都是宫中的仆人和厨娘，还有这些人的家属甚至孩子们。当他是一国君主时，围绕在他身边的显贵们，一个都没有出现。他回到自己房间的时候，发青的嘴唇一直在颤抖。

阿方索十三世流亡法国又转到意大利罗马，直至去世，再也没有离开。欧洲的宫室有一种说法，就是王室应该是游走的，你必须深入到自己的民众中，让百姓了解你，你也了解自己的百姓，而胡安·卡洛斯一世的家族被迫流浪在外。阿方索十三世的儿子，胡安·卡洛斯一世的父亲起初想住在今天以电影节闻名的法国戛纳，可是不久，西班牙内战开始，在西班牙共和政府的压力下，法国政府迫使他们离开。他们先到意大利米兰，然后转到罗马。胡安·卡洛斯一世就在这个时候出生，正是西班牙内战的后期。给他施洗（以宗教仪式施行洗礼）的是一个红衣主教，也就是后来的教皇皮乌斯十二世。西班牙内战后，意大利在法西斯墨索里尼带领下又开始备战，环境凶险，他的父母后来带他去了葡萄牙。

虽然流亡在外，胡安·卡洛斯一世似乎从出生起就在西班牙的氛围里，他的父亲就是一个王子，他长在一个王子成长的环境里。不论他的家在哪里，父母身边永远围绕着许多西班牙人，其中不乏王室支持者。他从小是听着许多西班牙的真实故事长大的，而这些故事又常常带着暴力和血腥。身为皇后的祖母告诉她，在她的婚礼那一天，一个无政府主义者朝她的马车扔来一束鲜花，而鲜花里裹着炸弹，于是，新婚的白色衣裙溅上了马儿和车夫的血。当然，还有祖父阿方索十三世离开西班牙的故事。

多少年后，胡安·卡洛斯一世曾经被问道，你是在什么时候觉得自己是个西班牙人的，沉稳的国王突然有点激动，他说，我躺在襁褓中，耳边听到的就已经满是西班牙、西班牙了。

二、流亡中的西班牙王子

有的时候，君主责任甚至是一个过于沉重的负担。他的父亲堂·胡安相信，自己可能有朝一日会继承父亲王位，而他在自己的王位还完全没有着落的时候，就已经想到必须给儿子严格的王子教育，因为儿子将是自己的王位继承人。

于是，胡安·卡洛斯一世8岁就被送进了纪律严格的寄宿学校。校门一关，父母音讯全无，小王子感觉自己被父母抛弃了。他后来猜想，或许是父亲不让母亲给他打电话，流亡中的父亲深知，长期以来西班牙是一个局势的凶险的国家，本能促使他要把王子训练成有坚强性格的人，否则未来他将无法应付这个坚硬的国家。最后，还是祖母前来探望，祖母也是他的教母，是巴黎公爵的女儿，流亡中的西班牙皇后。他总算离开学校，在祖母的温暖陪伴下，回到父母身边。

可是，好景不长。1948年冬天，在里斯本一个清冷的车站，年仅十岁的胡安·卡洛斯一世在父母的送别下，永远告别了和父母一起的家庭生活，独自前往西班牙。其原因是，他必须完成王子的教育，而根源又是他未来的君主责任。

在胡安·卡洛斯一世的祖父离开西班牙之后，西班牙就是共和国，通过选举，左右翼都执掌过政权，在各自执政的时候，也都无法消除敌对，无法免除暴力。如今我们都知道，真正的民主政治必须是在反对派可存在的状态下运作，可是人们也常常忽略一点，就是在民主政治下，任何一方执政，反对方都必须有现实意义上的平等地位。选举得胜的一方，是获得包容对方、主导建设国家的机会，而不是获得一个利用民众给予的国家资源，去消灭对方的有利位置。在野一方，在提出反对意见的时候，也应该是出于对全民有利的考量，同样不可以有那种恨不能要消灭对方的仇恨和行动。它的前提，就是双方要认同一个核心价值，这是实行民主制度的先决条件；否则，民主制度就变成没有规则约束的游戏，玩两圈就玩不下去了。20 世纪 30 年代，西班牙共和国的左右翼双方恰恰是缺乏共同的核心价值，民主游戏也就肯定运作不下去，从政治对抗开始，走到"不是你死，就是我活"的局面，所有的人都被拖向两端，中间地带反而无法生存。

当最后内战决出胜负的时候，不论哪一方赢，民主游戏都只能刹车。走到这一步，只能说西班牙注定要有一段独裁政权的命运。

西班牙独裁者佛朗哥被公认是个出色军人，却是个谜一样的政治人物。在所有人都认为他是纳粹同党、法西斯分子的时候，他却和希特勒周旋，不仅使得德国兵没有踏入西班牙一步，而且使得西班牙奇迹般置身于"二战"战火之外，甚至还一度成为犹太人逃亡的一条通道。他既冷酷镇压左翼，也镇压要求接回流亡国王的极右保皇派。他曾经宣称自己尊重西班牙传统，将在合适的时候恢复君主政体。人们认为他最在意的是自己的权力，他在西班牙维持了 40 年独裁统治。可是，出乎意外的是，他并没有自己坐上王位。"二战"结束后不久，佛朗哥把年幼的胡安·卡洛斯一世接回西班牙，让这位西班牙王子在自己的国土接受传统王室应该接受的严格教育。事实证明，他理解中的君主政体，和保皇派的理解并不相同。可是，人们仍然不知道他葫芦里到底卖的什么药。

1948 年 11 月，在寒冷的里斯本火车站，10 岁的胡安·卡洛斯一世没有哭，他觉得父母不希望看到自己哭。面对西班牙，这位 10 岁的王子充满困惑。西班牙王室在近代历史上可不是一个轻松的位置，他记得有一个对西班牙王室忠心耿耿的人写过一本书，其中有三条警告：第一条是永远不要住在马德里的王宫；第二条是永远要对"上层"紧闭你的大门，而对"中层"打开大门，他们才是社会的脊梁；第三条是当你从流亡中归来时，不要打开你的行囊，因为你随时要准备再次卷起铺盖走人。

流亡者总是每分钟都在咀嚼自己的"丧失"，失去的东西很具体，从小熟悉的景观、气味、色彩和感觉，甚至还有那些"家乡才有、别处无法寻觅到的食物"。这些都在加深流亡者的情结，更何况一个王室的政治流亡。在胡安·卡洛斯一世眼中，父亲的流亡是真实的。父亲生在西班牙，在那里度过青少年岁月，离开西班牙的时候已经 18 岁。对父亲来说，死在流亡中是世界上最坏的事情，而他们就始终处在这样的焦虑下，内战正打得凶，假如左翼胜利，他们就永远休想回国。虽然战争的结果是另一方胜利，可是，堂·胡安仍然有很多年无法回西班牙，他不得不做出这样的痛苦决定，让幼年的儿子先回去接受必需的教育。

就这样，10 岁的胡安·卡洛斯一世离开父母，独自前往西班牙。

三、从西班牙王子到未来国王候选人

火车跨越边境，陪同他的人说，"殿下，这就是西班牙了"，小胡安・卡洛斯一世把自己的脸紧紧贴在车窗上。可以想象他的失望，西班牙很多地区是一片干旱的大地。胡安・卡洛斯一世形容自己第一眼看到的西班牙，就是"龟裂的土地、贫穷的村庄、麻木的老人"。他后来形容当时自己脑子里只有一个念头：这就是我父亲整天念念不忘的那同一个西班牙吗？

那么，你爱西班牙吗？胡安・卡洛斯一世说，作为一个王子，他受到的基本教育，是要用"心"而不是眼睛去看西班牙。

去西班牙之前，父亲对他与佛朗哥的会见很是焦虑不安，他再三关照儿子，你认真听他说话，自己尽可能少开口，做一些礼貌性应答就可以。后来胡安・卡洛斯一世才知道，自己到达西班牙后，本来安排马上见佛朗哥，可是就在那个时候，发生了一个君主主义者的学生在监狱被殴打致死的事件，当时正在安葬，有上千拥护绝对君权的民众冲击墓园。王子来到西班牙的消息很快传开，这些民众又试图从墓园到他住的地方去，表示对旧君主制的支持。这样更加剧了紧张气氛，会见也就延后了。

在他终于见到佛朗哥的时候，他觉得佛朗哥比看照片感觉的要矮小。佛朗哥称他为殿下，从一个孩子的眼里看来，他很和蔼。以后很多年里，佛朗哥给他安排的教育，是欧洲传统的王室教育，和今天英国威廉王子接受的教育大概差不多，只是他更多地接受学者的私人授课。50年代初，佛朗哥和胡安・卡洛斯一世的父亲堂・胡安见了一面，讨论他的大学教育和军队训练。父亲希望他在国外名校上大学，然后回西班牙读军校。

佛朗哥认为这样不妥，因为部队里都是十七八岁的年轻人，读完大学回来，胡安·卡洛斯一世的年龄就会比军中同伴大一截，很难再和同伴建立深厚的同袍之谊。佛朗哥还认为，胡安·卡洛斯一世应该先在西班牙完成军事训练取得军衔，再在西班牙国内完成大学教育。他们谈了两个小时，最后是父亲让步，原因是他不得不承认佛朗哥的看法是对的。佛朗哥逐渐使得堂·胡安信服了他对儿子的教育安排。各军兵种的军校和军队服役，使得他在军队里有一批忠心耿耿的朋友，这在西班牙特别重要。和英美传统不一样，军人在他们认为的国家危难之际，要"挺身而出"干预政治，这种观念和做法，在西班牙长期被认为是一个"优良传统"。胡安·卡洛斯一世认为，假如不是他在军队的根基，他是绝对不可能做到自己后来做的事情的。

在佛朗哥时代，胡安·卡洛斯一世和当时所有的西班牙人一样，遵循宗教传统。他还记得在一个天寒地冻的日子里，12 岁的自己被带到天使山的修道院参加弥撒。在地理位置上，天使山正好是伊比利亚的中心，山顶有一个巨大的基督雕像，张开双臂迎接信者。1919 年，他的祖父阿方素十三世曾经在这里举行仪式，郑重发誓要把西班牙置于神的庇护之下。为了纪念这个仪式，那里修建了一个天主教加尔默罗白衣修道院。1936 年内战早期，一群左翼士兵，在这里审判了这个耶稣雕像，判其死刑。醉酒的士兵在这里盲目扫出子弹，因此这个地方一度成为左翼的胜利象征。王子记得，他在寒冷中听这些故事，他从历史中看到西班牙的图景：它总是被划分为两个极端，胜利者在一端，被征服者在另一端。这一切和他父亲的梦想——一个团结的西班牙图景完全相反。此后他在修道院参加弥撒，他似乎期待能够永远保存弥撒留给他的和平感受。

1962 年胡安·卡洛斯一世成婚。他已经结束了学业，他去问佛朗哥自己应该做什么，佛朗哥说，让西班牙人民认识你。他先随几个副总理学习政务，然后走遍西班牙的城市和大小乡镇。多半西班牙人欢迎他，可是，也有人向他扔土豆和西红柿。

七年后的 1969 年 7 月，佛朗哥宣布，胡安·卡洛斯一世将成为他未来的权力继承人，在他死去之后，胡安·卡洛斯一世将登基成为西班牙国王。这是佛朗哥一个人的决定，这个决定并不顺理成章。先是王位的继承有争议，胡安·卡洛斯一世的父亲堂·胡安是阿方索十三世的第三个儿子。前面两个王子一个有病，另一个是聋哑人，也都没有表现出未来国王的素质。因此，阿方索十三世自己最终是要把王位传给堂·胡安，但前面两个王子并不愿意放弃王位，直至他们去世，争议也没有消除。他们的儿子们，也就是阿方索十三世的其他孙子们，在不断声明自己对王位的权利。

排除其他支系以后，另一个争议自然是在父子之间。堂·胡安还在，佛朗哥对儿子的任命等于是剥夺了父亲的王位继承权。在胡安·卡洛斯一世成长过程中，他在放假时还曾回到父母身边，平时也一直在电话中交流。最终，父亲是一半无奈、一半出于父爱和对儿子的信任，接受了这个现实。他在经历痛苦之后，对儿子说："很抱歉，是我当年自己的决定，把你置于如此为难的状况中。"

外界认为最可能生变的，是在 1972 年，阿方索十三世有一个孙子娶了佛朗哥最钟爱的外孙女。当时胡安·卡洛斯一世还没有登基，许多人转而支持作为佛朗哥外孙女婿的那个王孙当国王，可是佛朗哥并没有因此改变他认定的主意。

四、向彼岸的缓慢过渡

西班牙内战是一个震动世界的事件。很少有这样的事情，能够把大半个世界都拖进一个国家的内战中去。对西班牙内战的研究，对随后 40 年佛朗哥政权的解读，在很长时间里，都被战争和内部的残酷对抗所封杀。研究者深入不进去，还没有进门，就被漫出来的血污没了膝盖，再进去就没顶了。所以，简化地给一个是非判断，是最安全的做法。于是世界上左翼就认定佛朗哥一方是法西斯，而右翼则认定失败了的共和派是苏俄的赤色分子。可是，别人尽可以在外面隔岸指点，西班牙人已经被圈在里面。分裂、暴力对抗、血流成河，从一个已经无法改变的现实，渐渐变成无法改变的历史。生活在西班牙，被圈在里面的人有一个如何走出历史陷阱的问题。

可以说，在独裁统治下，所有的人在如何走出历史的问题上，都是被动的。唯一似乎有更多"主动"空间的人，就是佛朗哥。对胡安·卡洛斯一世的前途和培养方式的解决，成为了解佛朗哥的一个窗口。

佛朗哥是一个独裁者。可是，现代社会的独裁者和传统独裁者之间，在某种意义上来说，也可以有本质差别：就是有明白的独裁者和不明白的独裁者。这话听上去很奇怪，其实是很真实的存在。明白的独裁者知道民主社会是一种历史潮流，自己只是一个冲突社会无可奈何的结果，是一个历史过渡人物。而不明白的独裁者，会梦想独裁制度是社会的必然，会如古代帝制一样，千秋万代传下去。从胡安·卡洛斯一世的回忆中，可以看到，佛朗哥非常明白，自己只是一个过渡人物。

佛朗哥只给胡安·卡洛斯一世提供一流的教育机会，很少与他谈起政治，也几乎不给他处理政治问题的指点和劝告。面对佛朗哥时代的西班牙社会，年轻的王子会不由自主地问佛朗哥，面对这样或者那样的情况，该怎么办？胡安·卡洛斯一世回忆说，在这个时候，佛朗哥会说："我真的不知道。可是，殿下，在任何情况下，你都没有必要做那些我不得不做的事情。因为当你成为国王的时候，时代已经变化了，西班牙的人民也将和现在不同。"在胡安·卡洛斯一世要求旁听政治上层的会议时，佛朗哥还是那句话："这对你是没有意义的，因为你不可能去做我要做的事情。"

对胡安·卡洛斯一世来说，这是非常困顿的状态，国家冲突的历史，再加上他处在父亲和佛朗哥之间的复杂关系。可以说，他后来成长起来，他的民主政治理念的形成，是他所接受的西方传统教育的逻辑结果，包括欧洲的历史、法律、政治学，等等。这样的教育不但是佛朗哥一手安排的，而且，佛朗哥显然知道这样教育的结果是什么。国王后来回忆说，胡安·卡洛斯一世的政治法学老师，后来是改革初期最好的帮手和议长，曾经告诉他："你不必担心自己要向保守派发誓维护佛朗哥时代的原则，我们可以逐渐合法地改变它，我们一条条法律逐步地修改。"最终，他们确实这样做了，而且做到了。

他回忆说，佛朗哥非常相信"瓜熟蒂落"这样的民间老话，相信时间的流逝会解决许多当时不可能解决的冲突。胡安·卡洛斯一世成长的时代，也是西班牙逐渐变化的时代。非常重要的一点是，内战之后有了新一代的西班牙人，胡安·卡洛斯一世是和他们一起成长起来的年轻人，他们没有内战一代人相互之间的深仇大恨。

胡安·卡洛斯一世的状况很是复杂：一方面，他知道在很多年里，自己的一举一动都可能被汇报给佛朗哥；另一方面，他在佛朗哥的安排下接受最好的教育。佛朗哥没有儿子，胡安·卡洛斯一世后来感觉到，在某种意义上佛朗哥把他当作自己的儿子。可是，佛朗哥天性是一个态度冷静、沉默寡言的人，从不对他流露感情。佛朗哥给了胡安·卡洛斯一世充分与自己父亲交流的条件。胡安·卡洛斯一世认为，从政治理想来说，给他最大影响的就是自己的父亲。但不可否认的是，佛朗哥给王子安排的教育，正是他接受父亲理想的坚实基础。

可是，胡安·卡洛斯一世也回忆到自己与父亲的分歧。事情就是如此，父亲住在距离西班牙那么近的地方，却不能回来，而胡安·卡洛斯一世在马德里年复一年地读书。父子之间的交流一度因为对"西班牙"的认识而变得困难。胡安·卡洛斯一世说，18岁就流亡海外的父亲，就像任何一个长久流亡、长久没有回到故乡的人一样，故国越来越变成一个梦幻，西班牙成了他旧日记忆和想象的反射。可是，胡安·卡洛斯一世自己生活在这里，呼吸着这里的空气，他对自己说，父亲告诉我的那个西班牙已经是过去了，西班牙在变化，今天生活在那里的男人和女人，已经不是他记忆中的西班牙人。可是，他又不能对父亲直说："你错了，父亲，一切已经都变样了！你的西班牙和我的西班牙已经不再是同一个地方！"父亲一度对他生气地说："你怎么变得和佛朗哥的看法一样？"胡安·卡洛斯一世对父亲说，因为他和佛朗哥生活在同一个现实的西班牙。还有一个重要原因，就是他时时在以一个未来执政者的眼光来看待复杂的西班牙政局。所幸的是，父亲最后能够接受"西班牙在变化中"的现实，开始愿意倾听儿子对现实西班牙的介绍和儿子一些看法的来源。这种交流使得理想与现实之间有一个调整，这对未来的西班牙国王非常重要。

在胡安·卡洛斯一世眼中，佛朗哥是个明白人，完全知道自己死后西班牙绝不会维持不变。对于作为他的权力继承人的"国王"位置，他也并不认为是旧制度下的绝对君权。胡安·卡洛斯一世也明确表明，在他执掌西班牙之后，他要实行民主制度。在去世之前，佛朗哥逐步向下属转移权力，他的部下也开始对新闻自由等立法进行尝试。可是，独裁体制本身以及地下反对派和地区独立运动的冲击，往往使得任何改革都处于进两步退一步的摇摆中，不可能有本质的转折。在佛朗哥病危的时候，胡安·卡洛斯一世去看他，佛朗哥拉住他的手，用力握住说："陛下，我对您唯一的请求是维持西班牙的团结。"从表面上看，佛朗哥似乎留给他一个完整的西班牙，在他的治下，西班牙人似乎是"团结的"，可是，胡安·卡洛斯一世清楚地知道，这个团结只是一个假象。因为，处于另一端的西班牙人并不能发出自己的反对声音。在那一端，有流亡海外的共产党，有在高压下如火山在间息喷发的区域独立运动等。在高压撤出的一刻，很可能立即分崩离析。

独裁政治与生俱来的问题，就是权力的滥用，独裁政治下有太多侵犯人权的残酷事件发生。独裁政治的另一个问题，哪怕明白自己只是一个过渡政权的独裁者，仍然本能地害怕权力的退让，因为手上沾染的鲜血太多。因此，即便是明白的过渡者，也往往把过渡时期的长度定为自己生命的长度。这都是具有民主思维的胡安·卡洛斯一世所无法认同，甚至常常感到难以忍受的，虽然他比其他任何人更理解佛朗哥的复杂处境。这也是他和佛朗哥在感情上始终无法真正走近的根本原因。

试图提前脱离这种独裁困境的一个尝试，是以明确的对独裁者不予追究的承诺，来换取他早日交出权力，换得国家的早日解脱，这就是智利对皮诺切特的做法。皮诺切特是一个和佛朗哥十分相似的独裁者，智利人民让皮诺切特在独裁执政 17 年后提前交出了权力。可是，智利对皮诺切特处理的后续发展证明，这样的做法显然还是具有极大的争议。最后开始试图起诉皮诺切特的正是民主化以后的西班牙。

在这样的独特处境下，胡安·卡洛斯一世学到了"观察，倾听，自己保持沉默"。1974 年，胡安·卡洛斯一世对一位历史学家说："我要做一个现代的国王，维护国内和平，否则任何进步、任何发展、任何公正都是不可能的。而目前我还不能有任何作为。"佛朗哥的统治维持了 40 年，在胡安·卡洛斯一世看来，变化本可以更早地到来，后期的佛朗哥其实是在浪费他和西班牙人民的时间。然而，也由于他对佛朗哥的更多了解，胡安·卡洛斯一世成为国王以后，人们注意到，他从来不在公众面前批评佛朗哥。

五、新的起点

1975 年 11 月 20 日，统治西班牙 40 年的独裁者佛朗哥终于去世。在佛朗哥的葬礼上，只有智利的皮诺切特出席。

佛朗哥本身是一个独裁者，树敌无数。而胡安·卡洛斯一世又是佛朗哥一手培养起来的国王候选人，因此，在那一天，胡安·卡洛斯一世对站在他身边的人说，他一点不知道，现在，他是将戴上西班牙人民给他的王冠，还是将看到一个"人民卫队"向他走来，手里拿着逮捕令。

葬礼两天后，即 1975 年 11 月 22 日，胡安·卡洛斯一世正式宣誓，加冕成为国王，世界各国政府的政要大多出席了他的加冕仪式。

胡安·卡洛斯一世是当时整个政府中唯一的"新人"，全套班子都是佛朗哥留下的。这些人感到紧张，他们知道变化是必然的，可是他们不知道变化会如何发生。他们的担心并非没有理由，因为在西班牙历史上，几乎只有两个极端的轮换，没有整个国家和睦的政治共处。假如另外一端上台，他们本人的安危都会成为问题。而整个国家和睦的政治共处，正是胡安·卡洛斯一世所追求的父亲的政治理想："要做全体西班牙人的国王。"

胡安·卡洛斯一世明白，自己最终的角色，应该是君主立宪制度下英国女王那样的虚位君主。可是，现在，如同佛朗哥是内战后的一个过渡，他必须是介于佛朗哥独裁统治和真正的君主立宪制之间的过渡。他必须利用佛朗哥留给他的权力来尽快地、和平地完成这个过渡。

在以后的几年里，胡安·卡洛斯一世所做的事情，是将西班牙从专制政体安全平稳地过渡到一个君主立宪的民主体制，所有的反对派都被容许公开站出来，表达自己的意见，争取公众的选票，这被所有的人称为20世纪的一个奇迹。在这个过程中，虽然面对最激烈的反对，但时过境迁之后，在西班牙，"就连最保守的人都承认，哪怕是佛朗哥本人在，也会认为已经死亡的东西不可能维持不变"。

胡安·卡洛斯一生一世都敬重自己父亲团结所有西班牙人的政治理想，在他自己成功主导西班牙民主转型之后，他感觉，父亲的政治理想是通过自己的手实现了。他说："我不必否认这是一个奇迹。没有一个国王做到过这样的事情。我是一个合适的人，合适的时候，恰在合适的位置之上。"

佛朗哥：西班牙当代史上最耐人寻味的政治人物

时至今日，起码可以做出这样的结论：胡安·卡洛斯是一个给西班牙人带来了福利的好国王。林达笔下的西班牙国王胡安·卡洛斯的故事，甚至可以被视作一个青年人的成长故事。但是，读不了几行你就会发现，在胡安·卡洛斯的成长历程中，总是晃动着弗朗西斯科·佛朗哥无所不在的影子。

在第二次世界大战中，佛朗哥考虑到西班牙国力不强，同时也害怕德、意控制自己，在大战初期，便有意疏远轴心国。大战期间，佛朗哥宣布西班牙为中立国，游离于交战双方之外，时而靠近德、意，时而为英、法叫好，诡诈多变，反复不定。这或许有些不耿直，但其结果是当欧洲的大多数城市毁于战火，人民流离失所时，西班牙却很少挨炸弹，政治和经济稳步发展，这也就为后来的繁荣提供了良好的契机。佛朗哥的这种"中立"该怎么评价呢？算是"明智的中立"，还是"卑鄙的中立"？

如果只拿西班牙所谓的"国家利益"说事，可以说，正是他在"二战"中"明智的中立"，使西班牙逃过了一场浩劫和宰割；正是他利用战时的国际环境，实现了经济的起飞。他在世时一直抗拒着民主，但作为一个明智的领导人，他也意识到了民主化是大势所趋，是不可抗拒的潮流，也是西班牙以正面形象融入国际社会的前提。他最终选择了一个必定会推行民主化的继承人，将民主化的事业留给后人去做。有论者言：一个统治者做到像佛朗哥那样，也是国家之幸、民族之福。

事实上，西班牙当代史上最耐人寻味的政治人物，并非胡安·卡洛斯，而是弗朗西斯科·佛朗哥。他是西班牙前国家元首、大元帅、"国民运动"最高领袖，也被称为窃国大盗、军阀、法西斯独裁者、民族主义者、纳粹主义者、投机主义者。这些盖棺论定的头衔是否可以表明他就像中国历史上曹操、朱棣、袁世凯等人一样，属于那些不好简单界定的枭雄呢？对习惯了"标签式"历史教育的中国人的心智而言，对佛朗哥的态度——鲜花与掌声，抑或诅咒与唾弃，是一个问题。对这个问题的拆解，当有益于一个民族的心智提升。

延伸阅读

- 林达《西班牙旅行笔记》
- 奥威尔《致敬加泰罗尼亚》

作者简介

林达，是一对美籍华人作家夫妇合用的笔名。林达的书，在中国大陆风靡一时，林达被誉为是介绍美国最好的作者之一。著有《历史深处的忧虑》《总统是靠不住的》《我也有一个梦想》等，同时，林达在《南方都市报》《新京报》《南方周末》等报刊开设专栏，不仅有时事评论，还有散文和特稿。

精彩快读

- 在欧洲社会，犹太人完全被看作是异类，许多地方规定，犹太人必须佩戴一种醒目的黄色耻辱标记，以便同当地人相区别，犹太人只被允许居住在一些贫瘠、偏僻的地区与外界相隔离，被称为隔都，犹太人在隔都里过着一种与世隔绝的、贫苦不堪的生活。

- 犹太人问题既不是社会问题，也不是宗教问题，而是民族问题，犹太人摆脱困境的唯一办法是集体出走到一个犹太人自己的国度，他还以相当的篇幅讨论了建立犹太国的步骤，并把大国的支持和犹太富豪们的资助作为立国的必要条件。

- 复国主义运动的诞生是为了重生、强化、时代化这种已经存在了几个世纪的情感和意识，而且是在特殊的时间、特殊的人诞生之后。

背景介绍

"犹太复国主义"，又称锡安主义，是犹太人发起的一种民族主义政治运动和犹太文化模式。在犹太复国运动发展初期，锡安主义是世俗化的，也是一定程度上对 19 世纪时在欧洲的以天主教徒为首的社会中十分猖獗的反犹主义的一种回应。在经过一连串的进展和挫折后，锡安主义的民粹运动于 1948 年（尤其是以色列建国前后）达到了高潮。

犹太复国主义及以色列建国

于沛

19世纪末，在犹太复国运动的号召下，流散在世界各地近2000年的犹太人开始有组织地向巴勒斯坦迁移，并于1948年建立了犹太人的国家——以色列国，一个早已在历史上消亡了的国家，2000多年后又重新建立了。

犹太人的历史经历了定居迦南时期、散居世界时期和重聚巴勒斯坦建国时期。

每逢星期五，犹太教徒都要到耶路撒冷犹太教圣殿遗址——西墙进行祈祷，哭诉圣殿被毁和犹太民族的不幸遭遇。这里曾是犹太人辉煌的象征，又是犹太民族悲欢离合、命运多劫的历史见证。

根据《圣经·旧约》记载，犹太人的祖先是来自美索不达米亚平原的一支游牧部落，被称作希伯来人。大约在公元前20世纪，希伯来人在亚伯拉罕的带领下来到了天高地阔、水草肥美的迦南地，也就是今天的巴勒斯坦。不久，迦南发生旱灾，希伯来人逃到了埃及。因不堪忍受埃及法老的欺凌，在摩西的带领下历经艰辛重返迦南，这期间产生了犹太教教义基础——《摩西十诫》。

重返迦南的犹太人于公元前11世纪建立了统一的希伯来王国。大卫王时期建都耶路撒冷,定犹太教为国教。大卫王死后,他的儿子所罗门继位,王国达到了鼎盛时期。所罗门文韬武略,耗时 7 年在耶路撒冷锡安山建造了金碧辉煌的耶和华圣殿,将犹太教神圣的约柜放在圣殿内,这是犹太历史上的第一圣殿。从此,锡安成为犹太教圣地和犹太人的精神寄托。"犹太复国主义"一词就来源于此,又称锡安主义。

所罗门死后,希伯来王国分裂成两个羸弱的小国——犹大王国和以色列国。公元前 721 年,亚述灭了以色列国。公元前 587 年,巴比伦国王尼布甲尼撒率大军灭了犹大国。耶路撒冷圣殿被毁,包括国王、贵族、工匠、百姓在内的数万名犹太人作为俘虏被押往巴比伦,史称"巴比伦之囚"。沦为囚徒的犹太人在巴比伦受尽凌辱,日夜思念回归耶路撒冷。50 年后,新崛起的波斯帝国灭了巴比伦,波斯国王居鲁士允许流亡的犹太人返回锡安,支持他们在耶路撒冷重建圣殿,复兴犹太教。

公元前 516 年,耶路撒冷圣殿在原址上按原样建成,史称"第二圣殿"。在此以后,犹太人相继经历了希腊人和罗马人的统治。这期间,犹太人曾一度建立的马卡比王国也被罗马帝国所灭。为反抗罗马帝国的残暴统治,犹太人先后三次发动起义。爆发于公元 132 年至 135 年的最后一次起义遭到罗马军队疯狂镇压,幸存的犹太人几乎全部逃离巴勒斯坦,从而结束了犹太民族主体在巴勒斯坦生存了一千多年的历史。

罗马皇帝还下令将耶路撒冷翻耕为田,犹太圣殿被毁后,只留下了唯一的遗址:西墙的一段残垣断壁,犹太人的历史从此进入了持续 1800 年之久的大流散时期。踏上流散之路的犹太人,大部分来到了欧洲各地定居。然而,犹太人在欧洲饱受欺凌、遭遇凄惨。

中世纪,欧洲基督教会强迫犹太人改宗,犹太人则因坚守自己的宗教信仰，被视为异端，遭到异端裁判所的严厉制裁，甚至被用火刑处死。

公元 13 至 15 世纪，英、法、西班牙等国先后将犹太人驱逐出国。

十字军东侵期间，狂热的十字军战士横扫莱茵河畔、多瑙河畔的犹太社区。

14 世纪中叶，黑死病在欧洲流行，谣传是犹太人在井里投了毒，于是那些被煽动起来的群众，焚烧犹太人住宅，骚乱最严重的法国、德国等地有三百多个犹太社区被毁，数以万计的犹太人被杀戮。

在欧洲社会，犹太人完全被看作是异类：许多地方规定，犹太人必须佩戴一种醒目的黄色耻辱标记，以便同当地人相区别。犹太人只允许居住在一些贫瘠、偏僻的地区与外界相隔离，被称为隔都，犹太人在隔都里过着一种与世隔绝、贫苦不堪的生活。犹太人的流散生活就像一条屈辱、苦难的长链，是一部心酸的血泪史，然而，犹太人却顽强地生存了下来。在那漫漫长夜里，苦难中的犹太人顶住了狂风巨浪，就是因为他们心目中的火焰没有熄灭。

到了近代，法国大革命似乎让犹太人看到了一丝希望，自由、平等、博爱等口号吸引着犹太人。

1791 年，法国国民大会正式赋予犹太人公民权利，许多犹太人主张走同化道路，让犹太人融入到欧洲主体民族中去。犹太裔大诗人海涅甚至通过改宗接受基督教洗礼为自己换取进入欧洲文明的入场券。然而，这个短暂的解放随着拿破仑战争的失败而告终。

19 世纪中叶，反犹浪潮再度回升。在民族主义情绪的鼓动下，欧洲各地对犹太人的迫害变本加厉。

1881 年，德国反犹主义者向俾斯麦首相递交了一份二十多万人签名的请愿书，要求把犹太人从所有政府部门中清除出去。在许多国家，犹太人又被重新赶进了隔都。

1881 年，俄国沙皇亚历山大二世被刺后，俄国迅速掀起了一场反犹风暴，对犹太人的袭击、驱逐、屠杀遍及整个沙俄帝国，犹太人开始大规模外逃。

第一次世界大战前，约 250 万犹太人离开俄国，其中大部分去了美国。反犹主义催生着犹太复国运动，犹太复国主义是欧洲社会反犹活动的产物，随着反犹活动一浪高过一浪，问题再次尖锐地摆在犹太人面前，主张走同化道路的梦想破碎了，一些犹太精英开始探索通过非宗教的方式寻找摆脱苦难的途径。在俄国、东欧出现了移居巴勒斯坦、重建民族家园的热爱圣山运动。

1862 年，摩西·赫斯提出要摆脱反犹主义的攻击，唯一的办法是返乡复国，从政治上复活自己的国家，向自己祖先的国家移民。在犹太复国运动中，最有影响的人物是剧作家西奥多·赫茨尔，他出身于匈牙利一个犹太富商家庭，在维也纳大学获得法学博士学位，赫茨尔最初主张犹太人走同化道路。19 世纪末欧洲的反犹浪潮，特别是 1894 年法军上尉犹太人德雷福斯遭诬陷被判终身监禁案，使赫茨尔转变为政治锡安主义者。在他看来，犹太人无论怎样表现都无法融入到主体民族中去，无法得到主体民族的保护。1896 年，赫茨尔出版了《犹太国》一书，宣称犹太人问题既不是社会问题，也不是宗教问题，而是民族问题，犹太人摆脱困境的唯一办法是集体出走到一个犹太人自己的国度，他还以相当的篇幅讨论了建立犹太国的步骤，并把大国的支持和犹太富豪们的资助作为立国的必要条件。《犹太国》一书为犹太复国主义运动奠定了理论基础。

1897 年 8 月，在赫茨尔的努力下，首届世界犹太复国主义大会在瑞士巴塞尔召开。来自欧美、阿尔及利亚、巴勒斯坦的犹太人实现了自犹太人流散以来的首次聚会。大会通过了《巴塞尔纲领》，提出争取在巴勒斯坦为犹太民族建立一个公认的、有法律保障的家园，这标志着犹太复国运动开始进入了有组织、有领导的阶段。赫茨尔当时在日记里写道："我在巴塞尔缔造了犹太国，如果今天我把它说出去，大家会笑的，也许在 5 年后，但无论如何在 50 年后大家将会看到它。"在赫茨尔的领导下，犹太人创办了犹太垦殖银行和犹太民族基金会。为了寻求大国的支持，赫茨尔曾会见了德国皇帝威廉二世、奥斯曼帝国苏丹，力图说服他们允许在巴勒斯坦建立犹太人家园。屡遭挫折后，赫茨尔转向争取英国的支持。

1904 年，赫茨尔去世，亲英派人物魏兹曼成为犹太复国运动的主要领导人。犹太复国行动取得突破性进展的标志是英国政府发表的《贝尔福宣言》。1917 年 11 月，英国外交大臣贝尔福以致函英国犹太复国主义领袖罗斯柴尔德勋爵的形式发表声明，赞成在巴勒斯坦为犹太人建立一个民族之家。

1922 年，国际联盟正式决定将巴勒斯坦交由英国实行委任统治，并认可了《贝尔福宣言》，犹太复国主义的政治目标首次得到大国的承认，从而大大推动了犹太复国主义运动的发展。

复国主义运动不是突然产生的，事实上它是连续的，有丰富的、深远的历史性联系。复国主义运动的诞生是为了重生、强化、时代化这种已经存在了几个世纪的情感和意识，而且是在特殊的时间、特殊的人诞生之后。大家或许会看过有关赫茨尔的一些东西，他没有发明那场运动，但他领导了那场运动，在历史性的时刻展示了他深远的思想影响，人们认为这是他一时的灵感，虽然没有任何有形的设施，有的只是思想，这种灵感使一场运动发展成为一种协会组织，那就是复国主义组织、复国主义运动。

在英国委任统治时期，巴勒斯坦犹太社团不断扩大，犹太自治机构相继建立起来。1929 年成立的犹太建国会，协助犹太人移居巴勒斯坦、促进希伯来语言文化发展、购置土地、组织农业生产。从 1933 年起，随着希特勒排犹的加剧，移居巴勒斯坦的犹太人人数激增，到 1939 年，短短 20 年里，巴勒斯坦的犹太人由 3 万人增加到近 50 万人，初步具备了建立民族家园的人口规模。然而，英国的扶犹政策和大批犹太移民的到来，直接威胁着巴勒斯坦阿拉伯人的生存，激化了阿犹矛盾，阿犹冲突升级，多次出现流血事件。

早在公元 7 世纪，巴勒斯坦就已经成为阿拉伯帝国的一部分，阿拉伯人作为巴勒斯坦主体民族世世代代生活在这里。

1920 年、1929 年、1936 至 1939 年，巴勒斯坦阿拉伯人先后发动起义，反抗英国委任当局，英国政府迫于阿拉伯世界的压力和殖民利益的需要，于 1939 年 5 月发表了《巴勒斯坦问题白皮书》，限制犹太人向巴勒斯坦移民的数量，限制购置土地。白皮书的发表，引起了犹太复国主义者的强烈不满，英犹关系恶化，许多犹太人转而寻求美国的支持。以本·古里安为首的亲美派认为，英国已经成为障碍，解决犹太人问题的钥匙掌握在美国手里。

1942 年，犹太复国主义者在纽约市比尔特莫尔饭店召开大会，通过了本·古里安提出的纲领，要求结束英国委任统治，在整个巴勒斯坦建立一个犹太国、一支犹太军队，要求不受限制地移民和购置土地。当时美国有 500 万犹太人，他们通过组织游行示威、联名上书、舆论宣传等形式向美国政府施加影响，美国政府不仅赞同这个纲领，还试图通过支持犹太复国主义来插手中东事务，而此时欧洲的犹太人正遭受着希特勒纳粹德国的杀戮。

1942 年 1 月，纳粹召开了专门讨论犹太人问题的会议，下达了从肉体上消灭犹太人的最后解决方案，反犹活动登峰造极、令人发指。据估计，大约共有 600 万犹太人死于纳粹魔掌，占当时全世界犹太人总数的 1/3，这几乎是犹太民族遭遇的灭顶之灾，也是人类历史上罕见的悲剧。

纳粹大屠杀的暴行使世界为之震惊，全球范围内同情和救助犹太人的呼声高涨，这为以色列建国创造了有利的外部环境。美、苏大国出于各自的考虑先后公开支持犹太人在巴勒斯坦建国，犹太复国主义精英们更是审时度势，以犹太财团的经济实力为后盾，利用列强之间的矛盾，在夹缝中寻求实现复国目标的突破口。

"二战"后，英国根据《白皮书》继续对犹太移民进行限制，使几十万欧洲犹太幸存者滞留在难民营收容站，英国委任当局与巴勒斯坦犹太人的矛盾升级为暴力冲突，犹太武装力量哈加纳、伊尔贡、斯特恩帮制造了一连串恐怖事件，杀死英国士兵，袭击英军军火库，炸毁耶路撒冷英军司令部大卫王旅社，毁坏桥梁。

1946 年 8 月，犹太建国会提出了巴勒斯坦分治方案，激起了阿拉伯人的普遍反对。英国政府对巴勒斯坦的局势束手无策，无法平息不断升级的阿犹冲突，于是在 1947 年 4 月，将巴勒斯坦问题提交给联合国。此时，巴勒斯坦的犹太人人数已达 65 万，占巴勒斯坦总人口 33%，在一些连成片的人口居住区域，犹太人在人数上占有优势。围绕巴勒斯坦问题，联合国出现了两种意见：主张实行阿犹分治的多数派方案和主张建立阿犹联邦国家的少数派方案。犹太人倾向于多数派方案，阿拉伯人对两个方案都持否定态度。犹太复国主义者展开了一系列外交活动，争取实现分治方案，美国政府也向不少联合国成员国施加压力支持分治方案。

1947 年 11 月，第二届联合国大会最终通过了分治决议，即第 181 号决议，结束英国在巴勒斯坦的委任统治，将巴勒斯坦分为犹太国、阿拉伯国和国际共管的耶路撒冷市。犹太国面积 1.4 万平方公里，占巴勒斯坦土地 56.5%；阿拉伯国面积 1.1 万平方公里，占 43%。联合国分治决议是在巴勒斯坦阿拉伯人处于无权的情况下通过的，这从根本上侵犯了他们的合法权利，因而激起了阿拉伯世界空前的抗议浪潮。

1947 年 12 月，阿拉伯联盟成员国宣布，决心为反对联合国分裂巴勒斯坦决议而战，并成立了由各成员国组成的阿拉伯解放军。相反，犹太复国主义者则载歌载舞，欢庆胜利。犹太复国主义者迅速行动起来，向世界犹太社团发出紧急呼吁，全力争取援助。果达尔·梅厄去美国筹集了 5000 万美元的巨款用于购买武器装备，犹太建国会征募 17 ~ 25 岁的犹太青年入伍，使犹太武装力量迅速壮大，到处围攻巴勒斯坦的阿拉伯人，驱赶阿拉伯平民，加紧扩大占领地，准备必要时武力建国。

1948 年 5 月 14 日上午，最后一批英国官员离开了巴勒斯坦，标志着英国委任统治的结束。下午 4 时，巴勒斯坦犹太人领袖本·古里安在特拉维夫博物馆宣读《独立宣言》，宣布：一个犹太国家——以色列国诞生了，十几分钟后美国承认以色列国，17 日苏联也承认了以色列，一年后，以色列被接纳为联合国会员国。于是，经过近 2000 年的亡国离散，犹太人终于在巴勒斯坦重建了犹太国家，掀开了犹太民族历史新的一页。

编后絮语

他们能够开发的资源只有国民的头脑

从公元前 63 年马卡比王国覆灭算起，到公元 1948 年 5 月 14 日 16 时以色列宣布建国，犹太人艰辛的复国之路，走过了超过 2000 年的漫长岁月。回首世界历史，实在想不起来还有哪个民族能够在国家完全解体、民众流离失所 2000 余年之后，得以重新聚拢为一个国家。这无疑是一个奇迹，令人惊叹不已。犹太民族的历史，真正是一部血泪史、流浪史、奋斗史。他们在 2000 余年中所经历的生活，印证了他们是不死民族的说法。

民族何以不死，凝聚力缘何而来？惯常的经验，在于民族国家的庇荫和护佑。历史上无数民族国家，像无奈的内陆河，淹没于"亡国"的漫漫黄沙。而犹太人凭什么却能够成为几乎唯一的例外呢？对此，或许得叹服于文化的力量。宗教、文字及其连带的价值观与生活方式，使得犹太人能够在失去祖国的两千余年中，始终保持自我；同时，在哪怕彼此信息不通的情形下，亦能保持作为一个"精神共同体"的民族认同。

犹太民族是一个优秀民族，从诺贝尔奖得主名单就可见一斑。犹太人口总数仅占全球总人口的 0.2%，但根据统计，从 1901 年到 2004 年间，共有 167 名犹太人或具有犹太血统的人获得诺贝尔奖，占诺贝尔奖总获奖人数的 22%，构成了诺贝尔奖中的"犹太现象"。可以预测，随着犹太人在全世界的公民待遇的逐步提高，他们的发明创造和为人类做出的贡献会越来越多。

放眼人类近现代史，犹太民族具有世界影响的杰出人物，灿若星群。理论物理学家爱因斯坦、精神分析学派创始人弗洛伊德、"控制论之父"维纳、量子物理学家弗朗克、《追忆似水年华》作者普鲁斯特、《城堡》作者卡夫卡、泛神论大师斯宾诺莎、现象学大师胡塞尔、符号学大师卡西尔、批判理性主义创始人波普尔、"垮掉的一代"冲浪人金斯伯格、绘画大师毕加索、石油大王洛克菲勒、金融巨子摩根、量子基金创始人索罗斯、Facebook 的创始人扎克伯格……都是犹太人。

只有 2.2 万平方公里国土、800 万人口，却拥有 4000 多家高科技公司，创造了 3.3 万美元的人均 GDP（2012 年）。这一切，都是在自然资源极度缺乏（国土的一半以上是沙漠）、周边政治局势连年动荡的情况下取得的。"科技立国"的以色列，其第一任总理本·古里安告诫人民，对科学研究及其成果的追求，不能仅仅是抽象的知识追求，更应是关系民族存亡的关键因素。一无所有的以色列人知道，他们能够开发的资源只有国民的头脑。

以色列作家阿摩司·奥兹曾说起过两件事。第一个故事是他和总理喝咖啡聊天的事儿，"我去了，和奥尔默特总理喝咖啡，聊了一个半小时，结果呢，我们谁也没有说服谁"。第二个故事是他打车的经历，一上车，出租车司机就认出了这位经常上电视发表见解的学者，对他说："我读过你的书，但是我不同意你的观点。"从司机、学者到总理，以平等的态度讨论、交流。"我来告诉你吧，以色列强大的秘密就是怀疑和辩论。"奥兹先生如是说。

延伸阅读

- 《旧约全书》
- 赫茨尔《犹太国》
- 西门·沙马《犹太人的故事：寻找失落的字符》

作者简介

于沛，中国社会科学院世界历史研究所研究员、博士生导师。中国史学会副会长、学术委员会副主任。曾任中国社会科学院世界历史研究所所长。著有《世界政治史1918—1945》《西方史学在东方的反响》《斯拉夫文明》等。

精彩快读

- "白色革命"意思就是"不流血的革命"。"白色革命"只用了短短十几年时间就取得了耀眼的成就:伊朗的经济几乎瞬间创造了一个奇迹,人均收入由不足 200 美元,猛升到两千多美元。

- 工业化进程的加速一方面刺激了对劳动力的广泛需求,吸引了大量的乡村人口移入城市;另一方面则导致了城市人口的膨胀,贫富分化问题日益突出,各种社会矛盾集中激化。

- 坦率地说,如果仅仅从巴列维国王发动"白色革命"的动机及其个人品质看,很难找到"白色革命"失败的真正原因。

- "白色革命"看似动机纯洁和高尚,实际上就其本质而言,是缺乏人权、法治、民主、宪政的。

背景介绍

　　所谓"白色革命",即"不流血的革命",爆发于 1962 年,主要为了应对 20 世纪 50 年代末期伊朗不断恶化的经济形势。"白色革命"虽然在一定程度上达到了目的,并推动了社会的发展、经济的繁荣,但并没有缩小伊朗的贫富差距,反而使其更加扩大了。

巴列维国王的"白色革命"为什么失败了

王业龙

一、"白色革命"引发的欣欣向荣

伊朗"白色革命"是巴列维在 1962 年发动的,"白色革命"即"不流血的革命"。20 世纪 50 年代末期,伊朗经济形势不断恶化,贪污等问题使国家收入如水入沙漠,同时社会上高利贷盛行,失业率增加,社会和政治动乱力量在不知不觉间积聚起来。

在这种形势下,巴列维提出了"白色革命"的 12 条原则,主要内容包括:(1)废除佃农制,凡是大地主占有的土地,均应重新分配给农民所有。(2)全部森林属于国家所有。(3)将所有政府经营的工业企业出售给合作社和个人。(4)出售企业所获的利润,应由劳资双方分享。(5)修改选举法,准备实行普选,特别是妇女都要参加普选。(6)建立一支知识分子大军,凡是应服兵役的高级中学毕业生,均可担任教师。(7)建立一支由各科医生所组成的卫生工作者大军,到农村去进行免费医疗工作。(8)建立一支促进农业发展的大军。(9)在所有的农村,都要建立公正的法庭。(10)全部水利资源归国家所有。(11)制定全国性城乡建设的规划。(12)改组所有政府机关,下放行政权力,并全面改进国民教育。

"白色革命"只用了短短十几年时间就取得了耀眼的成就：伊朗的经济几乎瞬间创造了"奇迹"，人均收入由不足 200 美元，猛升到 2000 多美元。1968 ～ 1978 年间经济平均年增长速度为 16% ～ 17%，人均国民产值从 1960 ～ 1961 年度的 160 美元很快跃增为 1977 ～ 1978 年度的 2250 美元。特别是 1973 年，国家每年的石油收入从 40 亿美元猛增至二百多亿美元，从而从债务国突变为债权国。政府的收入也因此超速增长，经济规模日益扩大。

然而，经济的高速发展并没有带动伊朗人民整体生活水平的同步提高。工业化进程的加速一方面刺激了对劳动力的广泛需求，吸引了大量的乡村人口移入城市；另一方面则导致了城市人口的膨胀，贫富分化问题日益突出，各种社会矛盾集中激化。1974 年的调查显示，73% 的工人收入低于最低生活水准，众多工人只好全家住贫民窟。而一小撮人发了大财，拥有豪华的西式别墅，过着灯红酒绿、纸醉金迷的生活，而占总人口一半以上的居民，却依然处于最低生活水平之下，一贫如洗。

鉴于这种改革的结果，许多受过教育的伊朗人开始反对国王的政权，学生们尤其憎恶国王对自由的压制。

1978 年秋，拥有绝对国家暴力权柄的巴列维国王，被反对者推翻。反对者来自社会各界：工人、知识分子、市场商人、戴或不戴面纱的妇女、缠着黑色、绿色和白色头巾的教士、孩子、青少年、穿西服的富人和衣衫褴褛的穷人。

坦率地说，如果仅仅从巴列维国王发动"白色革命"的动机及其个人品质看，很难找到"白色革命"失败的真正原因。在"白色革命"中，巴列维国王率先垂范，把自己的 125 万英亩土地（占伊朗可耕土地面积的 14%）分给了伊朗农民，农民们因此感激得匍匐在地上亲吻他的脚。

那么，究竟是什么原因导致了"白色革命"的失败呢？

二、"白色革命"失败的原因

1. 谁是最高"税权"的真正执掌者？

征税权是任何统治者或治理者都必须拥有的一种强制力量，这种强制力量的合法性在于其是否得到被管理者，即纳税人的同意。无疑，只有征得纳税人同意的税权才是合法的，才是纳税人应该且必须服从的。因此，只有在合法税权强制下的征税才是合法的。

那么，伊朗的"税权"有没有经过广大纳税人的同意呢？整个伊朗的财税大权，诸如征多少税，向谁征税，何时何地征税以及如何用税，向哪里用税，用多少税等重大问题的决策权，都掌握在国王巴列维一个人手里。或者说，"白色革命"实际上体现的只是巴列维国王一个人的意志。而且，鉴于人性在无实质性约束制衡情况下，总是趋于追求权力最大化的事实，巴列维自然会趋于掌握所有的财税大权，实现自己的财税意志。诸如增强国力，巩固政权，大干快上"形象工程""政绩工程"等，都只以自己的意志和利益为圆心。而且他认为，这是天经地义的，任何人不得质疑。巴列维将自己打造成了一个现代独裁者，为了保持政权稳固的基础，不顾一切地扩军备战，不断追加军费开支；同时不停地加强庞大的官僚体系建设，以便实现其独裁统治。结果，政府机构和官僚队伍，包括知识界和政府雇员的人数就越来越多。

2. 没有公正的税收与抢劫相仿

托克维尔说："对享有特权者来说，最危险的特权是金钱特权。人们一眼就能看出这种特权的范围有多大，等看清楚时，便十分不快。金钱特权所产生的金额有多少，它所产生的仇恨就有多少。"巴列维家族本身就是一个依靠暴力与专制支撑的特别集团，他们享有大量看似合法但却极为不合理的特权。随着"白色革命"的"深化"，财富就在巴列维的独裁暴力掩护下，迅速集中到巴列维王室的 50 个家庭和 1000 家名门望族之中。据《金融时报》的调查，"国王、他的姐妹和皇亲国戚至少在 105 个工厂企业的财政上插了一手，合股经营了 17 家银行和保险公司、25 家冶金和矿山公司、近 50 家建筑公司和数量类似的食品厂。巴列维家族控制了 24 家豪华饭店，实际上垄断了旅游业、公寓居住区、商业中心以及附属的水泥和钢铁制造业……"

奥古斯丁在《上帝之城》中说："如果没有正义，王国和大的抢劫集团有什么分别？"诚哉斯言！

3. "税权"的终极目的究竟是什么？

人们为什么要同意和让渡自己的权利？无非是为了获取更大的利益，以免承受巨大的伤害。因此，增进全社会和每个人的利益总量，无疑就是一切权力的终极目的——这也包括"税权"的终极目的。这样，一切制度，包括财政、预算和税制的优劣判定，就只能依据这一终极目的——增进全社会和每个人的利益总量——的标准来判断。或者说，一切革命或者制度改革，如果顺应这一终极目的，就可能走向文明、成功；反之，则会背离正确的方向。

可以说伴随伊朗"白色革命"而展开的税制革命，从一开始就背离了这一终极目的。伊朗的一切税制革命，其根本目的都在于巩固巴列维的政权，都是围绕王权的延续和加固展开的。因此，一方面是通过独裁的手段和途径任意向纳税人征税，无限度地攫取财富，横征暴敛；另一方面则是根据巴列维专制政权的需要，任意支出，挥霍浪费。沙利文写道："他们（穷人）的收入虽然比他们有生以来所能期望的还要高得多，但各种开支也使他们非常不满。他们眼巴巴地望着为进行投机买卖建起来待价而沽的高楼大厦空着没人住，而自己在德黑兰南部的贫民区，十几个人住在一个房间里。他们看到政府官员和中产阶级乘坐有专职司机驾驶的奔驰轿车在城里来来往往，自己却因公共交通工具严重不足而不得不拼命挤车。他们的失望与不满实在太多，而能使他们感到宽慰的事情又实在太少了。他们当中许多人吸毒成瘾，许多人盲目地以流氓行为来发泄心中的怨恨。"原因很简单，税收与财政支出，都背离了人民的基本福利要求，背离了税收的终极目的。整个国家，贫富差距越来越悬殊，社会矛盾越来越激化，各阶层的普遍不满与日俱增，最终导致民心的丧失。

4. 内部机制能有效地监控"财政公正"吗？

权力导致腐败，绝对权力导致绝对的腐败。伊朗"白色革命"，自始至终都是在巴列维的独裁专制权力下导演和推动的。巴列维国王的权力是绝对的、无限的。这也意味着，唯有巴列维国王一人拥有国家治理的全部自由，除此之外任何人，包括王公大臣们、官僚集团，都无权管理国家的一切公共事务，包括财政事务。这样，"白色革命"看似动机纯洁高尚，实际上就其本质而言，是缺乏人权、法治、民主、宪政的。

巴列维国王为了解决普遍的腐败与浪费而刻意组织起来的反腐组

织——"皇家调查委员会"，其实既是非法的，也是无力的，根本不可能对伊朗体制性腐败产生实质性的遏制与惩治。因此，腐败几乎是一种与生俱来的毒瘤，始终潜存在伊朗专制体制体内。对腐败，不能说巴列维国王没有觉察，否则，就不会成立所谓"皇家调查委员会"。甚至在他流亡国外的生命最后时刻，依然认为成立于1976年秋的"皇家调查委员会"是监督官员的最佳机制："这是检查国家事务的现代化服务机构。在我看来，这种自我评价的办法比西方国家必须依靠'忠诚的反对派'的办法更加可靠、更加公正。"巴列维认为："只有在君主立宪制的庇护下，伊朗各级生活才能广泛实行民主化。""因此，为了实现真正的帝国民主，就需要有一个君主从上边进行统一。"

然而，巴列维直至去世，都没有弄明白，"白色革命"失败的真正根源就在于自己坚守的专制体制本身的极端恶劣性，在于他没有弄清楚自己所奉行的独裁制度，本来就是一种违背人性的、极端不人道、不公正、不自由的体制，这一体制性，是从根本上拒斥广大民众监督，从心底敌视广大民众的。因此，其权力自然缺少民主制度的根本性约束，缺少法治和宪政制度的根本性约束。所谓的"皇家调查委员会"，不过是为国王一人负责办事的机构，监督和制约的只能是皇家之外运气不好的官员，而对国王及其皇家成员的监督与制约，只能是"聋子的耳朵"。事实上，伊朗最大的腐败者就是国王及其家族。他们富甲天下，王族成员总共63人，却在瑞士银行有数十亿美元存款。国王本人挥金如土、穷奢极欲，用黄金建造厕所，花费十多亿美元为自己预修坟墓。首相和各部部长也照此办理，想方设法为自己捞钱，除公开的合法收入外，纷纷在各大公司和政府机关设立秘密预算，日常生活中甚至"从荷兰买花，从法国买矿泉水，从东地中海购买野味，从非洲购买水果"。一家美国杂志称，到 1977 年，伊朗官僚腐败程度"已经达到沸点"。1973 ～ 1974 年的调查显示，伊朗人贫富差距异常悬殊，最富的 20％的人的消费额占总消费额的 55.5％，而最穷的 20％的人仅占总消费额的 3.7％。

三、伊朗"白色革命"失败的启示

毋庸讳言，一个国家最大的腐败和浪费，最可能发生的领域就是财税，这是一种体制性的、披着合法外衣的腐败。巴列维至死都不明白——只有权力互相制衡、限制的民主宪政，才是防止、反对腐败的有效措施和根本制度。

伊朗"白色革命"给予世人的警示与启示是多方面的，其中财政警示最值得关注。一百多年前，法国思想家托克维尔曾在分析法国大革命的原因时就指出："经济的飞速发展，造成了史无前例的国家经济繁荣。这种不断增长的繁荣，未能安定民心，却激起了人们的不安情绪，恰恰是在法国经济状况得到最明显改善的地方，群众的不满达到了顶点。"这无疑是在警示我们，在经济高速发展、政府收入超常增长之时，一定要注意遵循公共财政支出的终极目的，从根本上解决公共财政的合法性以及制衡与监督问题。

编后絮语

那朵，经历人生跌宕的"伊朗玫瑰"

1979 年 1 月，被迫下台的巴列维国王携妻带子匆匆逃离伊朗。而迫于伊朗新政府的压力，没有哪一个国家愿意收留被废黜的伊朗王室，巴列维国王的昔日老友美国当时也将巴列维一家拒之门外。之后，巴列维王室先后流亡于埃及、摩洛哥、巴哈马群岛、巴拿马和墨西哥等国，整日寄人篱下，颠沛流离。而巴列维等人也再未踏上过祖国的土地。众叛亲离之际，只有埃及总统萨达特宁可与伊朗新政府断交，也要为老朋友一家提供庇护。颠沛流离中，巴列维此前患上的癌症不断恶化，1980 年，巴列维国王客死埃及，并被安葬在了那里。

1980 年，在失去王权第二年，巴列维在埃及郁郁而终。而"伊朗玫瑰"——末代王后法拉赫带着子女移民美国，过着平淡的生活。"以前住在德黑兰的王宫里，每天光服侍我的人就有六十多位，他们打理着我生活的一切。"直至现在，法拉赫对于当年王室生活历历在目。然而，皇室的奢华生活早已不在，最困难的时候，法拉赫甚至变卖了逃离伊朗时匆匆携带的珠宝首饰以维持生活。

2003 年，法拉赫决定书写回忆录，名为《永恒的爱：我与伊朗国王的一生》，这本书让法拉赫赚了 15 万美元。她笑称，这是自己"这一辈子第一次亲自挣钱"。在书中，经历人生跌宕的"伊朗玫瑰"这样写道："我，法拉赫·迪巴，不是婚前的女孩，也不是婚后的王后，我是名叫法拉赫的女人，嫁给了一个叫作穆罕默德·礼萨·巴列维的男人，现在，我是姓那个男人姓的寡妇，因此，我真正的名字是法拉赫·巴列维。"

延伸阅读

- 热拉德·德·维利埃《巴列维附传》
- 张振国《未成功的现代化——关于巴列维的白色革命研究》
- 奥古斯丁《上帝之城》
- 胡韦达《伊朗国王倒台始末记》

精彩快读

- 大陆架的归属是原则问题，这个问题不解决，就无法确定大陆架开发的权益划分，这就是人们常说的"先小人，后君子"。
- 丹麦和荷兰都是《日内瓦大陆架公约》的签约国，两国主张按等距离中央线划定全大陆架界线。没有加入《日内瓦大陆架公约》的德国认为这种划界法不公平，因为德国的海岸是凹进陆地的，类似于海湾，如果按等距离中央线划界，德国得不到多少大陆架，因此，要求在大陆架划界时必须留给德国"公平合理的一份"。

背景介绍

　　对大陆架的划分和主权的拥有，一直是国际上十分重视和争议激烈的问题。《联合国海洋法公约》中规定，沿海国的大陆架包括陆地领土的全部自然延伸，其范围扩展到大陆边缘的海底区域，如果从测算领海宽度的基线起，到大陆边缘外界不到 200 海里，陆架宽度可扩展到 200 海里；如果到大陆边缘超过 200 海里，则最多可扩展到 350 海里。大陆架上的自然资源主权，归属沿海国所有，但在相邻和相对沿海国间，存有具体划界问题。这就是大陆架划界原则。

划界，用大炮还是用法律

刘植荣

自从人类掌握了航海技能，沿海国家就一直争夺海洋的控制权。开始是用大炮划界，哪个国家海军势力强大，哪个国家就可以按照自己的意志划分海洋控制边界。随着人类文明的发展，世界各国人民在解决海洋权益纠纷中建立起一系列国际惯例和准则，开始用协商谈判的方式解决纠纷，也就是用法律划分国家之间的海洋边界。

1. 北海就是聚宝盆

大西洋东北部的北海是陆缘海，整个构造海盆都在大陆架上。北海平均水深为 95 米，南北长 960 公里，东西宽 640 公里，总面积 60 万平方公里，容水量为 9.4 万立方公里，内有 50 个面积超过 18 平方公里的岛屿，北面通过挪威海，南面通过英吉利海峡与大西洋毗连。北海沿岸的挪威、丹麦、德国、荷兰、比利时、法国、英国等国家，都是高度发达的工业化国家。

北海海底储藏着丰富的石油和天然气资源，现已探明的石油贮藏量为 230 亿桶，是世界第九大油田。1965 年 9 月，英国在北海首先发现有经济价值的近海气田，1967 年正式投产。此后，挪威、丹麦、德国等相继在北海开发油气田。北海也是世界上四大渔场之一，捕鱼量占世界的 5% 以上。

2. 大炮划界时期

从公元 8 世纪开始，维京人（北欧海盗）控制了北海的海运航线。到公元 10 世纪，部分维京人在占领的沿海城市定居，他们逐步接受了西方思想，尤其是基督教文明，开始放弃海盗职业，从事合法的农、工、商业，猖獗的北欧海盗行为逐步削弱。

为了对付北欧海盗的袭击，从 1241 年开始，北海和波罗的海沿海城市组建了强大的商业组织"汉萨同盟"。汉萨同盟有自己的武装船只，为同盟成员商船护航，有效地抵御了海盗的袭击，同盟鼎盛时期曾有 160 个城市加盟。汉萨同盟不是国家间的组织，而是国际间的商业组织，该同盟加强了商业合作，减少了贸易摩擦，对商业繁荣起到极大的促进作用。

汉萨同盟垄断了欧洲各国的贸易市场，汉萨商人独占英国市场长达 3 个世纪。爱德华六世在位期间，英国不得不采取措施，把汉萨商人赶出英国。由于汉萨同盟完全是为了商人的自身利益建立起来的，没有考虑当地农、工、商业的生存情况，阻碍了当地生产力的发展，为此，欧洲各国效仿英国，对汉萨商人下了逐客令，汉萨同盟最终于 1630 年解体。

汉萨同盟解体后，荷兰取代了其地位，控制了北海地区的贸易，荷兰人肆无忌惮地到他国沿海海域捕鱼，并把捕捞的海产品就近在他国销售。到 17 世纪中叶，荷兰的制造业、航海业以及拥有的殖民地数量都超过了英国，当时海上运输贸易共有 20000 艘船只，其中有 16000 艘属于荷兰。

荷兰的海上霸权成为英国海外扩张的主要障碍。为了打压荷兰的海上贸易优势，英国议会于 1651 年通过了《航海法》，规定所有输入英国的货物只能用英国船只运输。荷兰要求英国撤回《航海法》，遭到英国的断然拒绝，两国矛盾激化，在 1652 至 1674 年期间爆发了三次英荷战争，北海就是主战场。荷兰战败后，英国一跃坐上世界霸主的宝座。

第一次世界大战期间，英国舰队与德国舰队在北海进行了几次大海战，并在北海首次使用大量潜艇作战。第二次世界大战期间，北海仍是主要战场之一，战舰、潜艇、战机在这一区域进行了数次激烈的战斗。

3. 法律划界时期

1899 年 7 月 29 日，在海牙签订的《和平解决国际争端公约》（当时的清政府也在该公约上签字）第一条就规定，为了在各国关系中尽可能防止诉诸武力，各缔约国同意竭尽全力以保证和平解决国际争端。

北海沿海国家在领海上没有争议，都主张 12 海里的领海宽度，但在大陆架划分上却发生了争议。争议国家并没有搁置争议，因为大陆架的归属是原则问题，这个问题不解决，就无法确定大陆架开发的权益划分，这就是人们常说的"先小人，后君子"。

1959 年，在荷兰的格罗宁根发现了天然气，地质学家们推测，北海大陆架可能蕴藏着石油。

大陆架就是陆地向海洋中的自然延伸，蕴藏着石油、天然气和其他矿物资源，世界上 20% 的石油产量来自大陆架。大陆架上的水域也是海洋生物资源最丰富的地方，世界上捕获的 90% 的鱼来自大陆架上面的水域。为此，沿海各国对大陆架的争夺异常激烈，这就引出了大陆架的划界问题。

关于大陆架的划界，主要的法律依据是两个国际公约，一个是 1958 年通过的《日内瓦大陆架公约》，一个是 1982 年通过的《联合国海洋法公约》，但后者优于前者，即两个公约发生冲突时，以后者为准。

《日内瓦大陆架公约》没有规定大陆架的宽度，暗示沿海国家可以主张对整个大陆架的经济专属等权益。如果大陆架与公海毗连，这也好办，因为没有其他国家争夺。但是，如果同一大陆架连接两个以上国家领土，这就存在大陆架的划界问题。公约倾向于用"等距离中央线"划界，即分界线上各点距每一国领海基线最近距离相等，领海基线就是退潮到最低点时的潮位线。

《联合国海洋法公约》规定，一国主张的大陆架最大宽度为 350 海里，如果不足 200 海里，则扩展到 200 海里；如果宽度在 200 海里至 350 海里之间，所主张的大陆架宽度就是自然大陆架宽度；宽度超过 350 海里的大陆架则属于公海范围。

由于北海长和宽均未超过 700 海里，这就存在着沿海国家大陆架的分界线划分问题。挪威于 1965 年先后跟英国和丹麦按等距离中央线签订了大陆架划分协议，但德国与荷兰和丹麦在划定大陆架界线上发生了争议。

丹麦和荷兰都是《日内瓦大陆架公约》的签约国，两国主张按等距离中央线划定全大陆架界线。未签订《日内瓦大陆架公约》的德国认为这种划界法不公平，因为德国的海岸是凹进陆地的，类似于海湾，如果按等距离中央线划界，德国得不到多少大陆架，因此，德国要求在大陆架划界时必须留给德国"公平合理的一份"。

1967 年 2 月 20 日，德国、丹麦和荷兰三国一致同意将争议提交国际法院裁定。

1969 年 2 月 20 日，国际法院以 11 票对 6 票裁决，由于德国不是《日内瓦大陆架公约》的签约国，没有义务在划分大陆架时接受"等距离中央线"原则；大陆架的划分应考虑到一切有关情况，依照公平原则，使构成当事国陆地领土海底自然延伸部分的大陆架归其所有。

由于不存在凌驾于国家主权之上的国际立法机关，国际法及国际法院的裁决并不具有国内法这样的强制力，只是提出各国解决冲突的原则和规则，当事各国依照此原则和规则协议解决冲突。

于是，德国、丹麦和荷兰根据国际法院的裁决，经过友好协商，于 1971 年 1 月 28 日分别签订协议，调整了彼此在北海大陆架的边界，在补划给德国的大陆架上，丹麦和荷兰已颁发的油田区特许权仍然有效，使德国同丹麦、荷兰之间的大陆架划界争端获得解决。

编后絮语

两只同时新来的猫

豆瓣上，豆友"春夏秋冬"发帖："求助：两只同时新来的猫在家里用尿尿划分势力范围。这两只成年母猫 3 月 28 日来到家里后，一只在客厅到处尿，另一只在卧室到处尿，分别划分势力范围。把它们的尿迹擦干或清除干净后，过一会儿它们又在同一处尿了。这两只猫互相'哈'，但是没有打起来，我在想如果打起来，分出老大老二可能就好了。大家给点建议吧，太悲剧了！"看上去，是不是很有喜感呢？

更喜感的是其他豆友的回复。回复一：悲剧，我家两猫，见面没几天就同床共枕了。回复二：一起关厕所，分出高低了再放出来。回复三：你可以搜集一些凶猛的狗的尿，然后涂抹之，猫嗅到天敌的气味，绝对不敢再尿，因为怕暴露自己。回复四：你家猫到处尿尿只是因为两猫抢地盘，你把地盘标了，大家就不抢了，全部都是你的。其实，两只猫划分势力范围的做派，和人类族群与国家之间曾经的"划界"并无两样。

"同床共枕"是因为雌雄猫相互需要，它们拥有共同利益，所以相安无事；"嗅到天敌气味"者，大敌当前，存在共同敌人，所以会暂缓内讧；"一起关在厕所"的动议，就是让它们决出高下，分出高低，这种解决方式，普遍存在于"曾经的人类"，当今世界亦远未绝迹。至于德、丹、荷三国大陆架划界不用大炮用法律的案例，至少证明，人类已经找到了解决彼此间利益冲突的新原则、新路径——不同于猫咪们的那种！

当然，对动物们划分势力范围的行径，也不必过于污化。动物们之所以在乎势力范围，主要就是为了保障自己有一个稳定安全的栖息、觅食、生殖和育儿场所，避免群体内个体间的无谓争斗。多数个体都能自觉地遵守这种规则，因而这就成了群体内的一种调节机制：控制种群的合理分布，避免繁殖和觅食地带过于拥挤，以利于种族的生存和繁衍。人类经由动物进化而来，有关生存资源与势力范围的命题与动物等同。不同的是，人类更聪明。

延伸阅读

● 黎明碧、李家彪《大陆边缘地质特征与 200 海里以外大陆架界限确定》

● 罗杰·克劳利《财富之城：威尼斯海洋霸权》

● 维克托·普雷斯科特、克莱夫·斯科菲尔德《世界海洋政治边界》

作者简介

刘植荣，独立学者、媒体评论员、专栏作家。在《人民日报》《改革内参》等报纸、杂志发表文章一千两百多篇，公开出版《圣经中的人生智慧》《85% 的人应该涨工资》《美国历届总统竞选辩论精选》等著（译）作13 部，2012 年入选"影响中国百名博客"，2013 年、2014 年被评为"凤凰网十大财经博主"。

精彩快读

- 魁北克问题，堪称加拿大最头痛的政治问题。作为加拿大联邦的第二大省份，魁北克省却一直谋求独立，想要"分裂国家"。在加拿大各省的省议会大楼的楼顶上，全都悬挂加拿大国旗，唯有魁省的议会大楼，只挂省旗。

- "独立公投"的通过，赞成票简单多数是不够的，必须要绝对多数。文字是否清晰、赞成票是否占绝对多数，也就是涉及法律解释的问题，只有国会有权决定。

- 人们关心的，更多是蒙特利尔乃至魁省的经济社会问题。在很多"魁瓜"看来，"第三条道路"也许更值得推崇，就是魁北克只是嚷嚷着要独立，会哭的孩子有奶吃，使得联邦好生安抚，给予各种照顾，大家满意，也就不闹了。

背景介绍

魁北克独立运动指的是追求加拿大魁北克省实现独立建国或拥有更多自治权的政治运动。魁北克在历史上曾是法国的殖民地，现在其民众亦大多讲法语，这与说英语的加拿大其他地区有着相当大的不同。在 20 世纪 80 年代，魁北克即举行过一次独立公投。1995 年 10 月 30 日，魁北克再次举行是否独立的公民投票，结果反对独立一派仅以 50.6％的得票险胜独立派。

魁北克——独立梦破灭之后

刘洋

2012 年秋天，在蒙特利尔街角的咖啡厅，一位魁北克姑娘兴致勃勃地对我讲起了魁北克最近的"变天"——保琳·马华（Pauline Marois）领导魁人党赢得选举，组成少数党政府上台执政。

姑娘是魁北克法裔（Québécois，中文又称"魁瓜"），一水儿地道的魁北克法语，她精通但似乎不屑于讲英文。受家人影响，她当然支持魁北克独立，建立属于魁北克人自己的国家。魁人党的宗旨和目标，就是实现魁北克的主权独立。马华上台执政的消息，让她眼里闪烁着独立成功的希望。

我再次遇到她，是在蒙特利尔大学的集会上。刚刚"登基"的马华省长，在学校发表了热情洋溢的演讲。我从没见过狂热的政治集会，而那次，是真真切切地感受到了。我记得，那明亮的灯光，照在"魁瓜"们一张张年轻的面孔上。在他们眼中，仿佛这片"被奴役"的土地，又将迎来独立的曙光。我也看到姑娘那张俊俏的面孔，她和参加集会的其他人一样，高举着手机，激动地挥舞着双手，为马华的每一段演讲喝彩，沉浸在一种"王师北定中原日"般的幸福中。

"自由魁北克万岁"

魁北克问题，堪称加拿大最令人头痛的政治问题。作为加拿大联邦的第二大省份，魁北克省却一直谋求独立，想要"分裂国家"。在加拿大各省的省议会大楼楼顶，全都悬挂加拿大国旗，唯有魁北克省的议会大楼，只挂省旗。这究竟是怎么一回事呢？魁北克为什么要谋求独立呢？

这得从英裔移民和法裔移民的历史恩怨说起。在 16 世纪，法国探险家发现了魁北克，此后法国在此建立殖民地。1763 年，法国在与英国的全球争霸战争中失败，将魁北克地区割让给英国统治，英国把沿圣劳伦斯河的区域命名为魁北克省。魁北克的法裔居民，也就"遗民泪尽胡尘里"了。英裔与法裔之间长期的地位不平等，导致占魁北克居民多数的法裔居民的不满。在魁北克，人口数量居少数的英裔，却长期处于政治、经济、社会地位的顶层，人口数量占多数的法裔却屈居中下层。在法裔居民看来，魁省的政治经济权力，掌握在英裔手中，法语的地位，也没有得到英裔很好的尊重。1960 年的寂静革命，使得法裔族群政治、经济、社会意识觉醒。在一系列社会变革的过程中，魁北克人的心理认同也发生了变化，逐渐从"法裔加拿大人"转变到"魁北克人"。

历史积怨加上现实利益的冲突，再加上法国总统戴高乐《自由魁北克万岁》演讲的刺激，"魁独"气势高涨。1968 年，主张"魁独"的魁北克人党成立，在杰出的魁北克政治家瑞内·勒维克（Rene Levesque）的领导下，魁北克人党于 1976 年赢得魁省议会选举，得以在魁省执政。1977 年，"101 法案"得以通过，英语在魁北克的官方地位被废除，法语成为魁北克的唯一官方语言。魁省的语言法规定，在政府、公立部门以及大中型公司，都必须使用法语。在工作场所，雇员间只能用法语交流，不得使用英语或其他语言，否则违法。此外，魁北克省还设置了专门的语言警察进行执法，这在世界范围内，也算是一道别致的风景了。

魁省政府，在魁人党两次上台执政期间，先后在 1980 年和 1995 年发动"魁独"公投，但分别以 40% 及 49.4% 的得票率失败。1995 年的公投，尤为惊险。

"95 公投"与《清晰法案》

魁北克历史上最接近独立的一次，应属 1995 年的"魁独"公投。此次公投最终以 49.4% 的得票率而失败，令许多"魁独"支持者，扼腕叹息，含泪认输。他们除了抱怨，也没办法，只能平静地接受民主程序的结果。

气急败坏的"魁独"领导人，抱怨此次"魁独"大业之所以失利，是金钱政治和种族投票（ethic vote）捣的鬼。此言一出，反而招致强烈批评，还被炮轰为种族主义思想。也有"魁瓜"指责美国施加压力。美帝和加拿大打得一片火热，一起扛过枪，国境线不设防，这么多年的"好基友"，美国是经得住考验的。在大是大非面前，当然旗帜鲜明、立场坚定，反对"魁独"。同时美国还威胁，如果魁北克独立，那么，魁北克加入北美自由贸易协定和世贸组织，需要重新谈判。这无疑踩到了魁北克经济问题的痛脚，震慑了一些支持"魁独"的选民。"魁独"的支持者，只能在暗地里"问候"美国，捎带上当时担任美国总统的克林顿。

可是抱怨归抱怨，生活还将继续。魁北克人没闹出"武斗"，而是接受公投的结果。

1995 年公投，使加拿大联邦高度紧张。联邦政府也从法律层面着手，加强了对"魁独"的限制。

1996 年，加拿大各级政府关系事务部长狄安，递交三个问题给加拿大联邦最高法院，以厘清最高法院"魁独"案裁决的宪法性争议：

1. 依照加拿大宪法，魁北克省议会、立法机关或政府能不能单方面使魁北克脱离加拿大独立？

2. 国际法是否赋予魁北克省议会、立法机关或政府单方面使魁北克脱离加拿大的权利，对此，国际法上的自决权有没有赋予魁北克省议会、立法机关或政府单方面使魁北克脱离加拿大的权能？

3. 如国内法与国际法在魁北克省议会、立法机关或政府是否有单方面使魁北克脱离加拿大独立的权利上有冲突，加拿大应以何者优先？

加拿大联邦最高法院在 1998 年做出裁决，认定一个省无权单方面脱离联邦，不论联邦宪法还是国际法，都不允许魁北克单方面脱离。最高法院的结论为，依据国际法与加拿大法律，魁北克无权单方面独立。然而，如果魁北克人表达出清楚的独立意愿，加拿大联邦政府，将必须与魁省政府进行协商。

为了有效执行最高法院的判决，联邦国会于 2000 年通过了《清晰法案》，在此法案下，一个省要独立公投，首先，必须要在字面上清晰表明独立意图，不能含糊其词，降低人民对其独立后果的认识；"独立公投"的通过，赞成票仅占多数是不够的，必须要占绝对多数。文字是否清晰、赞成票是否占绝对多数，也就是涉及法律解释的问题，只有国会有权决定。即使上述两个条件都具备，还必须在由联邦政府和所有省份都参加的谈判中取得 2/3 多数同意，方可独立。

这堪称加拿大和平版本的《反分裂国家法》。事实上，这对魁省的"独立公投"做了严格的限制，但如果魁省达到上述这些条件，依然有独立的可能。

马失前蹄

我去蒙特利尔市中心的一家裁缝店做衣服，一位和蔼的老裁缝，闲聊中主动问起了我对"魁独"的看法。老先生是英裔居民，但是他没有在过去"魁独"的浪潮中选择离开蒙特利尔。他说，他要留在这里，万一魁北克又要搞公投，他一定会投下自己庄重的一票，阻止"魁独"。

老先生身经百战，1980 年和 1995 年的公投，他悉数参与，见证了历史。2012 年秋季，魁省"变天"，马华领导的魁人党，组成了少数党政府，随着魁人党政府的上台，魁省的统独局势骤然紧张起来。马华政府是否会像她的前任魁人党省长一样，继续谋求独立公投？这不禁引起各方的高度关注。在老裁缝等反"魁独"的选民眼里，局势显得紧张起来。

马华上任后，首先强化了维护法语地位的语言法案与执法。马华政府将语言法法规下推到 25 ～ 49 人的小企业中，而且驻在魁省境内的军人也不准将子弟送到英语学校学习。甚至在英语人口低于 50% 的城镇与社区，取消英法双语，将法语作为唯一官方语言。这些语言政策在加拿大广受诟病，也引起魁省商界的反感。

马华强化法语的独尊地位，可谓为后续"大动作"造势。如果马华建立了多数党政府，走向新一次的公投，也只是时间问题。

其实，在 2012 年 9 月的省选中，魁人党以微弱优势领先自由党，组成了少数党政府，有观察者就认为，这并不表明选民支持其"魁独"主张，他们不过是厌倦了执政近十年且丑闻不断的自由党而已。但魁人党上台执政后并没有放弃其独立主张，只是因为它没有在议会赢得多数席位，所以一时还无力推动全省公投。不过，执政一年半以来，魁人党政府在马华的推动下，还是"一意孤行"，为走向独立做足准备。

为壮声势，马华邀请魁北克法语传媒大亨贝拉多（Peladeau）加盟。此君甫亮相，就高调宣布，他之所以加入魁人党，就是因为"想要魁北克成为一个（独立的）国家"。此言一出，激起千层浪，此后的民意调查显示，魁人党的支持率每况愈下，被自由党迅速反超，明显是弄巧成拙了。

多数法裔魁北克人对再次举行独立公投实则毫无兴趣，甚至颇为厌倦。"魁独"对蒙特利尔乃至魁省的经济负面影响很大，也导致魁省的经济发展水平落后于安大略省。但选民们认为，只要马华觉得时机成熟，她就会毫不犹豫地推动公投。毕竟，争取主权独立是魁人党的宗旨，一旦大功告成，马华将在魁北克名垂青史。这诱惑太大，马华是很难放弃的。

在 2014 年 4 月的魁省议会选举中，马华想赢得议会多数席位，继而成为多数党政府，为"魁独大业"做准备。但是，省选的结果令人大跌眼镜，魁人党在本次省议会选举中，不仅以 40 席的较大差距落败，而且马华本人的议席都未能保住，无法再继续担任魁人党领袖，她当夜即宣布引咎辞职。此次"马失前蹄"，可谓是"No zuo no die"（不作就不会死）的生动案例。

马华省长黯然下台，使近期可能的第三次"魁独"公投化为泡影，也使得所有担心魁北克分裂的人都松了口气。本次魁省选举结果出来后，加拿大总理史蒂芬·哈珀发表声明，称本届魁北克省选举结果反映魁北克人拒绝独立公投，要求政府将精力集中在就业和经济上。

"魁独"此次失利，当然与魁北克人的"觉醒"有关。近三四十年来，出于对"魁独"的担忧，原先在魁省的英裔金融家、企业家及大量居民移出魁省，造成了魁省人才流失、经济失血，金融业、制造业成长动力衰退，就业不足，被多伦多"逆袭"。多数魁北克人都意识到，如果魁北克脱离加拿大联邦，它的损失将是巨大的，比如有多民族聚居的蒙特利尔，可能会要求脱离魁北克，这是魁北克人难以承受的。更为直接的是，如果脱离联邦，魁北克将失去每年从联邦获得的 160 多亿加元的倾斜性补贴，这笔大额资金占魁省预算的 20%。如果离开这笔资金，魁省引以为荣的社会福利体制，恐怕将遭遇预算困难。所以，在面对经济现实时，"魁独"的激情已然在消散。

C'est La Vie

今年春天，我在蒙特利尔老港，再次遇到那位姑娘。老港坐落在圣劳伦斯河畔，风景如画，复古风格的建筑鳞次栉比，是游客必去的景点之一。附近的政府办公大楼上，魁省的省旗迎风飘扬，而加拿大联邦的枫叶旗，却难觅踪迹。

她从设计学院毕业了，即将去法国旅行。当我们聊到最近魁人党黯然下台这个话题时，女孩只不过耸耸肩，表示也在情理之中，似乎并没有很沮丧。在她看来，民主选举的结果，当然是代表多数人的意愿，魁人党此次惨败，也说明"魁独"并不是很有市场，她也只能平静接受。

她说，她曾经狂热支持"魁独"的父亲，在 1995 年公投失利时洒下热泪，去和朋友买醉，而这次，他看到电视里马华下台，也只不过嘟哝了几句罢了。

姑娘倒是承认，"魁独"的激情正在退散，目前人们更关心的，是蒙特利尔乃至魁省的经济社会问题。在很多"魁瓜"看来，"第三条道路"也许更值得推崇，就是魁北克只是嚷嚷着要独立，毕竟会哭的孩子有奶吃，只要联邦好生安抚，给予各种照顾，大家满意，也就不闹了。有时说到激动处，姑娘不禁连连感慨，"C'est la vie"（法语，字面意思"这就是生活"，常表达对生活无奈的感慨）。

◦ 编后絮语

欧洲多国富裕地区缘何闹独立？

在欧洲和北美，闹独立最有影响的，首推苏格兰，其次就是魁北克。其实，许多国家都有这种事儿，譬如西班牙的加泰罗尼亚、比利时北部的弗拉芒大区、意大利水城威尼斯等。更令人意想不到的是，德国基社盟元老维尔弗里德·夏尔纳格勒居然在 2012 年 8 月出了一本名为《巴伐利亚可以独立——追求自己的国家》的书，宣称巴伐利亚应有"自己的国家地位"。

一些表达独立诉求的地区，多多少少都是有些历史由头的：苏格兰原本独立，1707 年才被英格兰合并；西班牙的加泰罗尼亚在历史上曾是一个公国，至今国王的铜像还立在巴塞罗那市中心；意大利的威尼斯，在历史上也曾经是一个独立共和国。那么，这些因素足以构成寻求独立的"真动因"吗？

这些掀起"独立运动"的地区，大都是所在国家的富庶之地。弗拉芒大区的出口额约占比利时出口总额的 80%，在安特卫普港活跃着的贸易活动在比利时其他地区基本见不到；加泰罗尼亚地区经济总量占西班牙经济总量的 20%；水城威尼斯，也是意大利经济发达地区。

维尔弗里德·夏尔纳格勒在他的书中抱怨，作为德国最富裕的联邦州巴伐利亚，既要送钱给德国其他贫穷的州，又要送钱给欧盟贫穷的国家；弗拉芒大区民众越来越不情愿做纳税大户，去"帮扶"南部地区；苏格兰人则认为，英国政府"既不给苏格兰权力也不给金钱"。

无论是北美还是欧洲，独立与反独立的声音，基本上还是和平表达的。尽管独立派人士在巴塞罗那市中心广场上焚烧了西班牙国旗，但对峙双方并没有发生暴力冲突。而苏格兰、魁北克的独立预案，均在全民投票中被和平否决。还有一些地区，"独立"仅仅是一种姿态，仅仅是地方用在与国家的利益博弈中，帮助自己取得更有利位置的工具而已。

延伸阅读

- 俞理明《蒙特利尔：圣劳伦斯河上的法国魅力》
- 维尔弗里德·夏尔纳格勒《巴伐利亚可以独立——追求自己的国家》

精彩快读

- 尤努斯通过孟加拉国乡村银行向孟加拉国社会最底层的穷人提供小额银行贷款，使这些在通常金融制度下无法得到信贷的人有了发展的起步资本。

- 几乎所有的银行都对于他和他的计划抱以讥笑。他们把格莱珉的成功归功于尤努斯和他的助手的辛苦工作，并不具有推广概念。"我们不可能在每个分行都有一个尤努斯。"

- 穷人活着，这一事实就清楚地证明了他们的能力，不需要我们来教，他们已经知道如何去做这件事了。所以，我们不去浪费时间教给新的技能，而是努力去最大限度地利用他们现有的技能。使穷人得到贷款，就是使他们得以立即实践他们已经掌握的技能——纺织、脱粒、养牛、拉人力车，等等。

背景介绍

穆罕默德·尤努斯，孟加拉国经济学家，孟加拉乡村银行（Grameen Bank，也译作格莱珉银行）的创始人，有"穷人的银行家"之称。穆罕默德·尤努斯开创和发展了"微额贷款"的服务，专门提供给因贫穷而无法获得传统银行贷款的创业者。2006年，他与孟加拉乡村银行共同获得诺贝尔和平奖。

穆罕默德·尤努斯：赶走贫困的人

马朝阳　黄继汇

传统的孟加拉格子长衫、浅色的坎肩，花白的头发和开心的笑容，这就是昨天出现在我们面前的穆罕默德·尤努斯，2006 年诺贝尔和平奖获得者。

他是诺贝尔和平奖的获得者，他是孟加拉国格莱珉银行（又称乡村银行）的创始人，这个银行迄今为止已经发展了 639 万个借款人，其中 58% 的人及其家庭通过这条途径成功脱离贫困。

他的到来使得本来默默无闻的"中国－孟加拉乡村银行小额信贷国际研讨会"一下子声名鹊起。会议组织者黄小姐说，10 月初他们联系媒体的时候，没有几家媒体有兴趣，但当 13 日诺贝尔和平奖公布后，要求前来采访的媒体骤然爆棚。组委会甚至不得不加班加点重新修改会议程序，原定的开幕式也由原来的一个三星级宾馆改到了钓鱼台国宾馆。

当然，不仅是这一个会议因此发生了改变，所有关注贫困人群的人都因为他的得奖而激动不已。

穆罕默德·尤努斯，一个一直在和贫穷做斗争的人。

诺贝尔春风

虽然已经过去了 10 天，但对于获得诺贝尔和平奖，尤努斯依旧难掩心中的激动。

当全体与会人员以长时间热烈的掌声对他和他的格莱珉银行获得的殊荣表示祝贺时，他笑得阳光灿烂。而当他开始发言的时候，他情不自禁地赞扬了"好天气、好阳光、布置得很漂亮的会议室"，兴奋之情溢于言表。

当他谈到诺贝尔和平奖时，他特别强调了一点：以前此项奖励都是给予某一个人或者某一个机构，但这次他和格莱珉银行共享殊荣，"这说明，小额信贷工作得到了国际社会的认可，它属于我们格莱珉银行的每一个借款人，因为这是我们大家一起做了大量的工作、经过辛苦的努力才能实现的"。他深情地说道："从来没有哪一个贫穷的人能够得到这么崇高的荣誉，它真是一个巨大的荣誉。"

诺贝尔和平奖委员会给予尤努斯这样的颁奖词：尤努斯通过孟加拉国乡村银行向孟加拉国社会最底层的穷人提供小额银行贷款，使这些在通常金融制度下无法得到信贷的人有了发展的起步资本。小额信贷为社会最贫困阶层提供了发展经济和人权的前提，众多发展中国家纷纷效仿。地球上的每个人都有可能和有权过上体面的生活。尤努斯的乡村银行已证实，哪怕是最穷的穷人也可以为自身的发展作出努力。这适用于任何文化和文明。

30 年前，尤努斯发放的第一笔贷款是 27 美元，发放给了 42 个人；到现在他的格莱珉银行已经放贷 57 亿，惠及 639 万穷人，他们当中绝大多数曾是身无分文、忍饥挨饿、朝不保夕的赤贫者，现在一半以上的人通过贷款项目脱离了贫困。30 年来，格莱珉银行还款率高达 98.89%，这是一个让全世界银行家都自惭形秽的数字。

他所有的借款人都无须担保。

当他获奖的消息传到孟加拉的时候，人们奔走相告，热烈欢呼，曾受益于尤努斯的各地村民敲锣打鼓，像过节一样载歌载舞。数百人涌入达卡郊外尤努斯的家中，向他表示祝贺。

孟加拉国总理齐亚·卡丽达夫人说："整个国家都为尤努斯感到自豪。"孟加拉国的媒体称："这使得孟加拉有了世界级人物。"

谁也无法相信，30 年前，当尤努斯开始他的穷人银行计划时，不仅政府不支持、银行不支持，连那些三餐不保的穷人也不相信。

30 年的岁月，尤努斯是怎么过来的？

27 美元的首笔贷款

1974 年，孟加拉陷入空前的饥馑之中。

尤努斯眼中的首都达卡是这样一副情景：瘦骨嶙峋的人们开始出现在达卡的火车站与汽车站。很快，这些小股的人流就变成了一场洪水，饥饿的人们涌遍全城。他们一动不动地坐在那儿，以至于无法确定他们是死是活。无论男人、女人，还是儿童，都是一个模样：老人看起来像孩子，而儿童的样子像老人。

尤努斯当时在吉大港大学任教并担任经济系主任，衣食无忧。但他看到这些饥饿的人时却心如刀绞，无能为力："他们对我们这些衣食无忧的城里人毫无要求，只是静静地躺在我们的台阶上等死。"

这场饥饿使一直远离贫穷的尤努斯体会到了从未有过的痛苦，他甚至得出一个结论：人有许多死法，但饿死是所有死法中最让人无法接受的。

从此以后，这位过去一直以传授经济学为乐趣的教授再也无法从他的教学中得到快乐。他不想再看那些复杂的经济学，他要找到解决贫穷的办法。

他所任教的学校在郊区，以往每天他都开车从村庄经过但没仔细观察这村庄，现在，他才开始真正注视这些村庄。

村庄里到处都是因饥饿活在死亡边缘的人。有的人家因为难以为继甚至卖掉了锡制屋顶，在雨季很长的孟加拉，常常有人因此被淋得湿透。

乔布拉村一个忙碌的女人吸引了他的目光。她全神贯注地飞快编织着一些竹条，虽然才20出头，但却像很多妇女一样瘦削，目光中充满疲惫。

经过了解，尤努斯吃惊地得知，这个叫苏菲亚的妇女连买竹条的5塔卡（相当于22美分）都没有，都得去借高利贷。而她为此付出的代价是，把所编的凳子廉价卖给放债人。她每天辛苦劳作的收入只有一两美分，这些钱连给她自己买食物都不够，而她还得养着几个孩子。

尤努斯用"震惊"来描述他的心情，他从来没有听说过一个人会因缺少22美分而受穷。

但一个经济学家的理智制止了他掏出22美分给苏菲亚的冲动，他知道她并不是在请求施舍，而且22美分并不能解决她的长久问题。

他意识到在孟加拉和第三世界广为流行的高利贷是如此普遍，以至于借贷者都没有意识到它是多么蛮横。

如果苏菲亚有 22 美分，她就可以摆脱契约奴隶的地位，按照市场的高价卖出产品，从而改变她的生活。尤努斯这样想。

他用一周的时间搜罗了一些像苏菲亚这样依赖放贷的人名单，令他再一次吃惊地是：列着 42 人的清单上写着，借款总额为 856 塔卡，不到 27 美元。

尤努斯得到这样的结论：他们每天辛苦劳作却依然贫穷，是因为这个国家的金融机构不能帮助他们扩展他们的经济基础，没有任何正式的金融机构来满足穷人的贷款需要。

他把 27 美元按名单给了这里的 42 个人，并称还款期限是"在他们还得起的时候，在他们卖自己的产品最有利的时候，什么时候都行"，并且，他声明："你们不必付任何利息，我不干借贷这一行。"

由 27 美元开始的路，充满了艰辛。

所有贷款的担保人

经济学家尤努斯知道，他要解决的问题不是 27 美元能解决的，也不是他自己的钱能解决的，他要找的是一条路。

银行的工作人员对他所说的事茫然不解，因为"这些村民需要借的这一点点钱，甚至都不够他们必须填写的所有那些借贷文件的费用呢！银行不会在这样的微小数额上浪费时间"。

最后，1976 年年底，贾纳塔银行终于答应给予贷款，尤努斯为此付出的代价是：他是所有贷款的担保人，银行不会和村里的任何一个贷款人打交道，所有文件签署只找尤努斯。

整个 1977 年，无论尤努斯在美国还是欧洲，银行都会不远万里给他发电报或写信要他签署文件，而不找那些近在咫尺的贷款人。在他们眼里，尤努斯这个大学教授是唯一可依赖的人，而那些贷款的穷人甚至干脆就是乞丐的人他们根本就不屑于理会。而尤努斯则确保了一件事：那些身无分文、目不识丁的穷人免了到银行遭受蔑视与屈辱的痛苦。

尤努斯在一个尚未完工的办公室开始了工作，工人还在周围干活，而他要上厕所就得到邻居家去。他的职员根本没有办公室，他们每天步行数里，到最贫穷的村庄去，坐在地头对那些穷人讲他的无担保贷款事宜。

终于开始了，但尤努斯自己也称，那时自己真的很盲目。

得益于一些银行首脑的私人关系，尤努斯在传统银行中设立了奇特的分行，一些银行干脆就把它叫作"格莱珉试验分行"。

他的所有尝试都根植于贫困的现实，与传统完全背离。从开始的每日偿还制度以使偿还额降到最低，到后来比较实际的每周偿还制度并使用至今。他的借款者绝大多数是女人，因为：当钱通过一个女人进入一个家庭时，会给家这个整体带来更多的好处。现在，格莱珉银行 96% 的借贷者是妇女，而过去银行里女性贷款者不到 1%。

在孟加拉这个宗教信仰异常虔诚的国家，将妇女发展成为借贷者，不仅会受到宗教首脑的质疑，丈夫们的愤怒，连妇女本身都对此惊惶失措。

如果尤努斯没有在美国学习和生活，他也会是个对女性极为腼腆的普通孟加拉男人，根本不可能去做妇女的工作。1965 ～ 1972 年，在美国的生活不仅使他得到了一个俄罗斯裔的外籍妻子，也使得他在面对妇女客户时保持了少有的勇气和耐心。

那些传统的孟加拉妇女甚至不敢和他面对面，经常需要女学生来回传达双方的意思，而尤努斯则站在大门外一遍一遍地指导学生。有一次大雨，来回跑的学生被淋得湿透，妇女们不忍心，尤努斯才得以进门，与那些贷款对象隔着一道竹墙探讨怎么用这些钱。

直到今天，无数穷人已经从中受益，而格莱珉银行的女职员有时还要忍受敌意和歧视。

但令尤努斯感到欣慰的是，贷款的还款率超过 98%。这些贷款用来买了竹条、种子、肥料、做点心的模子、烤箱等形形色色的东西。

穷人的信誉远比富人高。因为如果他们不按时偿付贷款，他们将失去唯一的机会，重陷贫困的旧辙。尤努斯的理论得到了证实。

贷款者的生活也得以改变，一些过去不得不乞讨度日的人能够有规律地吃上饭了。

在一次突如其来的政变中，恰巧在孟加拉乡村发展学院的尤努斯和所有人都被禁止离开。他邂逅了在美国时认识的好朋友，当时巴基斯坦驻华盛顿大使馆商务参赞穆希思。在等待的漫长时间里，像很多时候一样，尤努斯满怀热情地向这位老朋友讲述自己的格莱珉理想。

出乎意料的是，几天后，穆希思被认命为新政府的政务大臣。尤努斯不无诙谐地说："虽然孟加拉人有一亿多，但完全被一小撮人掌握，他们彼此大多是大学时期的朋友。孟加拉的这种社会政治方面的不幸特色常常能帮助格莱珉克服一些简直不可逾越的官僚障碍。"

这次，穆希思就帮了他的忙，并最终促使这个一直屈居于其他银行的"格莱珉试验分行"在 1983 年成为一家真正的银行——格莱珉银行，一家专门为穷人服务的独立银行。

从孟加拉到全世界

成为独立银行并没有使所有问题迎刃而解。

格莱珉甚至奇怪地成了一家由政府控制的银行，尤努斯成了政府的公务员，连出国都和公务员一样得经过总统的批准。1985 年尤努斯甚至遇到这样的荒唐事儿：他要出国参加联合国妇女大会的申请未被总统批准，因为"一个男人为什么要参加妇女大会呢"？

尤努斯不断地去敲各种各样的门。总统的门、财政部长的门、计划大臣的门……最后，他终于由一名公务员变成了银行的雇员，而格莱珉银行可以自由地选择一位为其股东利益服务的总裁，而不必听从政府的吩咐了。

格莱珉飞快地发展着。20 世纪 80 年代，格莱珉银行每年大约新增100 个分行，数以万计的人通过成为格莱珉银行的借款人摆脱了贫困。

贷款项目开始从帮助生存进而发展到了更高的标准，比如房贷。穷人关注的问题从衣、食发展到住和行。

90 年代，格莱珉的借款人的经济生活改变后，政治生活也开始改变，他们自觉地作为方阵参加选举，他们甚至在 1996 年取得了一种从来没有过的胜利：在全国大选中，妇女被选的人数超过男性。

到 2005 年，格莱珉每天就有一家分支机构开业，尤努斯说，2006 年，大概每天会有两家分支机构成立。

除了创立初期的 1983 年和发生重大自然灾害的 1991、1992 年，格莱珉银行每年都盈利。

格莱珉银行的贷款业务逐步发展到了通讯、信息、教育等领域。

同时，尤努斯还逐步向全世界证明，他的格莱珉银行同样能够适用于其他贫困国家。

两个对尤努斯和格莱珉银行试验非常佩服的加拿大人在菲律宾开始播种格莱珉的种子，后来是马来西亚，中国在 90 年代开始了三个项目，再后来是非洲和拉丁美洲，甚至后来发展到了美国、欧洲这样的发达国家和地区。

1986 年，尤努斯在美国的阿肯色州见到了后来成为总统的克林顿州长，他对格莱珉银行非常感兴趣，鼓励尤努斯在阿肯色州"应用它"。

尤努斯在这里见到了他从未想象到的"美国人"——福利救济金的领取者，这些人没有银行账户，有的已经贫困了两三代，尤努斯说："他们脸上的恐惧与疑惑，我在孟加拉见过无数次。"

他们贷款的用途甚至也和孟加拉的借款者如出一辙：美容师要买个修甲箱、裁缝想要个缝纫机、擅长做玉米粉蒸肉的需要个小推车以便能把做的肉推到街上去卖……

格莱珉后来在阿肯色州的项目改名为"信任基金"，帮助了许多贫穷的人。1992 年克林顿接受《滚石》杂志采访时，还曾因热衷于谈论这个小额贷款项目而被嘲笑。

尤努斯越来越坚信：全世界的穷人都有贷款价值。

争议与进步

即使是今天，对于格莱珉银行的争议也没有停止。

而尤努斯也几乎是在和一切传统势力斗争的过程中前进的。

一开始是保守的宗教人士，他们甚至警告妇女：如果加入格莱珉就将受到惩罚，死后不得以伊斯兰葬礼安葬——对于一个一无所有的妇女来说，这是一个可怕的事。

后来是银行和政府，几乎所有的银行都对他和他的计划抱以讥笑。他们把格莱珉的成功归功于尤努斯和他助手的辛苦工作，并不具有推广概念。他们甚至还说"我们不可能在每个分行都有一个尤努斯"。

尤努斯多年来与一些国际援助组织也关系恶劣，最有名的当属世界银行。他甚至说："世界银行里总还有人懂得小额贷款是怎么回事，但是由于风格迥异，多年来我们把更多的时间和精力花在干架上，而不是互相帮助。"

他对于传统扶贫方式中最反感的一点就是：这些机构一致要求首先进行技能培训，而尤努斯对这一点坚决反对。他的观点是：所有人都有一种与生俱来的能力，他称之为"生存技能"。"穷人活着，这一事实就清楚地证明了他们的能力，不需要我们来教，他们已经知道如何去做这件事了。所以，我们不需要浪费时间教给他们新的技能，只需要最大限度地利用他们现有的技能。使穷人得到贷款，就是使他们得以立即实践他们已经掌握的技能——纺织、脱粒、养牛、拉人力车，等等。"

他对于一些政府要人、非政府组织和国际顾问们要求培训的做法嗤之以鼻，他反对把大把的钱花到一些咨询机构、国际会议以及研究中去。

当然，随着格莱珉银行的壮大与成功，这些国际组织也逐步改变了他们坚持多年的傲慢，与尤努斯开始了友好的合作，并成立了用于多个国家的格莱珉项目复制的基金会。

但尤努斯并不满足。

数年前，他的一个愿望是：到 2005 年，这些复制项目能够惠及 1000 万个借贷者。"为达到这个目标大约需要 22 亿美元，这可能听上去数额巨大，但它还不及我的一个美国朋友为他的法学院募集到的捐款的两倍呢。"

不过，这次诺贝尔和平奖，对于尤努斯是一个巨大的助推器，他高兴地说，更多人从此意识到了小额贷款的作用，我们在工作中一定会得到更多的帮助与认可。我们的目标一定会实现。

他这样结束了在钓鱼台的演讲："希望人们都摆脱贫困，没有一个人因贫困而耻辱。"

编后絮语

赶走贫困的人被谁赶走了？

"前有特蕾莎，今有尤努斯。"被赞誉为改变了千千万万穷人命运的尤努斯，不只是南亚次大陆上一个重要人物，也是在国际上享有巨大声望和备受尊敬的人物，被称为"小额信贷之父"，是"穷人的银行家"。后来，他却遭到政府的抛弃。堪称赶走贫困的人被赶走了，而且是被政府赶走的。这究竟是为了什么呢？

2011 年 4 月 5 日，孟加拉国最高法院裁定，格莱珉银行（Grameen Bank）创始人、董事总经理穆罕默德·尤努斯违反退休法——超过 60 岁这一强制退休年龄，必须辞职。而此前，3 月 2 日，孟加拉中央银行下令尤努斯必须立即离开他 30 年前创立的格莱珉银行，理由是 71 岁的尤努斯"年事已高"，早已超过 60 岁的法定退休年龄，任期"不合法"。政府称，从来没有同意过他超期任职，他的留任，已经失去合法性。

按照孟加拉国法律及《格莱珉银行条例》，国有或国有属性的公司高管，必须到 60 岁就退休。格莱珉银行正式挂牌成立之时，政府作为第一大股东，占有四分之一的股份，政府也因此有权任命董事长，并在 12 人组成的董事会中至少占有 3 席。据孟加拉国财政部长穆希特表示："政府已经数次请求尤努斯主动下台，但均被他拒绝。"

早在 2007 年，就传出了尤努斯与总理谢赫·哈西娜不和的传言。这一年，尤努斯发起建立新党运动，并称建党的目的，在于替代现有的无能政党。尤努斯批评道，现有政党只知赚钱和揽权。当时，恰好总理谢赫·哈西娜被指控收受巨额贿赂而被关入大牢。尤努斯的"现有党已腐烂"，被指为说的就是数度执政的人民联盟党，使他惹上了诽谤名誉的官司。

2008 年底，人民联盟党在议会选举中获得胜利，谢赫·哈西娜重回权力顶峰。从 2009 年起，尤努斯就开始麻烦不断。人们称，对"格莱珉银行"800万借款人拥有影响力的尤努斯，已经被执政党视为扩展他们影响力的障碍。主流政党往往通过一些金融信贷上的"小恩小惠"，收买捏有选票的穷人，而执行这项工作的就是他们控制的银行。因为尤努斯银行的存在，阻碍了他们的计划，提高了推行成本。

此次尤努斯"被下课"风波后，尤努斯的盟友，包括爱尔兰前总统玛丽·罗宾逊及世界银行前行长詹姆斯·沃尔芬森在内的众多精英，都站在尤努斯这边，斥责孟加拉国政府的"不当之举"。格莱珉银行12名董事会成员中的9名也站在他的一边（另有3名由政府任命），成千上万的人为他举行抗议活动，美国国会、纳尔逊曼德拉基金会、欧盟前主席等国际机构和人士纷纷表示对他的支持。

尤努斯"被下课"风波发生了，究竟是一场意外法律之争，还是蓄谋已久的政治争斗呢？不妨深思。

延伸阅读

- 杨澜《杨澜访谈录之纵横》
- 穆罕默德·尤努斯《穷人的银行家》

精彩快读

- 在担任南非总统的四年时间里，德克勒克像一位船长，带领这个国家避开险滩和暗礁，从惊涛骇浪中开辟出一条道路。

- 这是一个激动人心的时刻，因为，他真的一下子就使南非的形势实现了正常化。我们的世界在一夜之间发生了翻天覆地的变化。

- 法国历史学家托克维尔曾经指出："对一个坏政府来说，最危险的时刻通常就是它开始改革的时刻。"南非就是如此，在严密的种族隔离制度下，南非犹如一个紧扣的高压锅。一揽子改革计划公布，就像将锅盖揭起。

- 要保持理性的和解精神，不被极端力量左右，是对领导人的巨大挑战，也是对一个国家的艰巨考验。

背景介绍

　　德克勒克，南非政治家，南非共和国白人总统，与纳尔逊·曼德拉一起获得诺贝尔和平奖。种族隔离政策废除后，派系内斗频繁爆发，曼德拉与德克勒克为创建新南非而努力，他们虽然没有建立起模范的合作关系来实现民族和解，但在寻求和解及推动民主进程方面功不可没。

德克勒克：国家转型激流中的船长

马国川

六架南非空军的黑斑羚战机呼啸而过，拖曳出新南非国旗的色彩。半圆形广场上人潮如海，肤色、种族各异的人们自由交流，自由和幸福写满每张脸庞。

这是 1994 年 5 月 10 日，纳尔逊·曼德拉宣誓就职，成为南非历史上首任民选总统。罪恶的种族隔离制度从此成为历史。在民众的欢呼声中，曼德拉将身边一位白人的手举过头顶，盛赞他是"非洲最伟大的儿子之一"。

这位白人就是副总统德克勒克。那天早晨醒来时，他还是南非的总统，而当他就寝时，曼德拉已经接任总统之位。德克勒克在回忆录里说，"自从 1989 年 9 月出任南非总统以来，我夜以继日地努力正是为了这一刻"。在担任南非总统的四年时间多时间里，德克勒克就像一位船长，带领着这个国家避开险滩和暗礁，从惊涛骇浪中开辟出一条道路，将被压迫和非正义的国度转变为民主、自由和平等的国家，创造了人类历史上的奇迹。

一、"对话的时候到了"

1936 年，德克勒克诞生在一个为争取民族自由与独立而斗争的阿非利卡人家族。

17 世纪，一批荷兰人为了逃离宗教迫害，漂洋过海来到南非，他们的后裔成为自给自足的农场主，被称为布尔人（Boer，意为"农民"）。后来，这些布尔人开拓南非内地，成立了两个共和国。但是由于英国入侵，先后爆发了两次布尔战争。战争激发了民族认同，这些南非白人形成了统一的阿非利卡民族。

1910 年南非联邦成立，成为英国的自治领地。一些坚持民族主义的阿非利卡人士成立南非国民党，德克勒克的祖父是该党的创始人之一，父亲曾经多次担任南非政府内阁部长，他们都是执着的阿非利卡民族主义者。

德克勒克 12 岁的时候，南非国民党在全国选举中大胜，从此开始长达 46 年的执政。当时正值"二战"之后，南非经济快速增长，大量黑人涌入城市地区就业，新一代城市黑人开始出现。当时南非白人仅占总人口的 10%，因此担心被占人口大多数的黑人吞噬。作为阿非利卡民族主义政党，南非国民党开始实行严酷的种族隔离制度。

在种族隔离制度下，占人口绝大多数的非白人成为南非白人的工具，他们不能分享任何政治生活。黑人是种族制度的最底层，法律限制着他们在什么地方居住、工作、吃饭、旅行，可以和什么人结婚。年满 16 岁的黑人必须携带身份证，天黑之后不能进入白人居住的城镇。如果无法出示通行证将被逮捕、起诉。

1961 年初，25 岁的德克勒克成为一名律师。当年 5 月 31 日，南非脱离英联邦，成为独立的共和国。这是一个时代的结束，几代阿非利卡人的梦想终于实现。作为一个年轻的阿非利卡人，德克勒克为此狂喜不已，不过，他很快就发现，无法指望新共和国拥有一个平静的未来。许多国际组织都在对南非施加压力，要求其放弃种族隔离政策。南非内部，黑人民族主义政党——非洲人国民大会（简称"非国大"）被当局宣布为"非法组织"。曼德拉放弃传统的非暴力策略，转而选择武装斗争。直到 1964 年 4 月，他被指控"企图以暴力推翻政府"，判处无期徒刑。年轻的国民党党员德克勒克衷心拥护国民党的政策。

1972 年，36 岁的德克勒克被提名为议会候选人，顺利进入南非议会。彼时的南非国民党正处于权力巅峰。就像 20 多年后中国被称为"世界工厂"一样，当年的南非被称为"非洲工厂"，经济蒸蒸日上，令当时处于经济衰退的欧洲国家咂舌称羡。

因此，国民党对独特的"南非模式"充满了信心，没有任何压力去进行重大的政治改革。面对国际制裁，南非保持着"光荣的孤立"；对于内部的黑人反抗活动，国民党则以铁腕"维稳"。黑人的悲惨生活被隔离在他们的视野之外，包括德克勒克在内的许多执政党精英都陷入了一种虚假的安全感中。

担任了三年国会议员之后，1978 年，42 岁的德克勒克被任命为政府部长，同年，威权政治家博塔担任南非总理。这位强权人物作风硬朗，有"老鳄鱼"的绰号。他在南非议会引入"三院制"，将 300 万有色人（不含黑人）和 90 万印度裔纳入体制，与白人分享权力。

新权力分配体制继续将黑人排斥在外，引发了南非历史上最严峻、最持久的危机之一，完全被疏远的年轻黑人成为"愤怒的一代"，他们决心不惜任何代价摧毁种族隔离制度，1984 ～ 1985 年，南非全境陷入动荡不安。

1986 年 6 月 12 日，南非政府宣布全国进入紧急状态。暴力和骚乱事件下降，大多数黑人社区的政府和教育工作恢复正常。时任内阁成员的德克勒克认为，为了遏制革命威胁，紧急状态是必要的、正当的。但是，随着时间的推移，这位执政党的精英人士越来越意识到，寻找宪制方面的解决方法刻不容缓。

当时在监狱中的曼德拉也清醒地认识到，军事胜利是个遥不可及的梦想。他在回忆录《漫漫自由路》中这样写道："暴力决不是解决南非问题的最终办法，对话的时候到了。"

二、"天哪，他一次就做完了！"

1989 年 2 月 2 日，53 岁的德克勒克当选国民党主席。在内阁工作的 10 年里，他先后担任 7 个部门的部长，获得了大量的经验。不过，他一直被外界视为保守派。

可是，很快他就令人大吃一惊。在当年举行的大选中，德克勒克提出 6 大改革目标：依靠民众的明确支持使政治程序正常化；消除种族歧视；商讨新的宪政分配方式；推动经济发展；维护法律和秩序；团结不同族群，从而消除不信任。这是南非在种族基础上举行的最后一次大选，国民党赢得了多数票。随后，德克勒克被选举为南非共和国第 7 任总统。在总统就职演讲中，德克勒克向所有南非人民保证，"只有一条路可以通向和平和公正，那就是和解，那就是大家一起找寻互相可以接受的解决方案，那就是大家一起畅谈新南非的前景，那就是走向永恒谅解的宪政和谈"。

就职典礼几天前，德克勒克公布了一项新政策：允许示威游行。在此之前，这类活动一直遭到紧急状态相关法令的禁止。这个决定让德克勒克的顾问们感到困惑和担心，因为东欧不少政府由于民众的示威游行而风雨飘摇。而新任总统却坚信，允许示威游行和集会是民主化进程不可或缺的组成部分，对和平抗议和示威的禁令无法继续下去。

他通过这一决定，向所有关心南非改革前途的人传递了一个重要而清晰的信息：他决心开启民主改革进程，建立法治国家。德克勒克对国民党内部的保守分子说："我们当然还能执政5～10年，但那是毁灭之路，和谈的时刻已经到来。"

由于恢复了全世界普遍认可的一项基本民主权利，南非获得了国际社会的认可。德克勒克还释放了一批高级政治犯，并着手有步骤地拆除各种隔离制度的障碍。南非海滩度假胜地向所有肤色的人开放，《保留福利设施隔离法》也很快被废除。解散专门对付反隔离力量的国家安全管理系统，代之以更加符合惯例和有利于民众的协调机制。

没有人知道，德克勒克即将迈出更加惊人的一步。1990年2月2日，也就是在执政的第100天，世界媒体记者云集南非首都开普敦，德克勒克将在议会发表演讲。当时，国际社会最关注的是释放曼德拉。德克勒克在走进议会大厦时对夫人说："今天过后，南非将不再是原来的样子。"在演讲中，德克勒克宣布了一揽子改革方案：释放曼德拉；解禁非国大、南非共产党等33个反种族主义统治政党和组织；更大范围地释放非国大囚犯；解除有关媒体和教育的国家紧急状态规定；废除《隔离设施法》；南非法律委员会就未来宪政体系下的人权宪章发表相关报告。

"天哪，他一次就做完了！"一位反对派人士惊呼道。确实，这一系列措施的力度远远超出开明派和反政府人士的最乐观预期。曼德拉评价说："这是一个激动人心的时刻，因为，他真的一下子就使南非的形势实现了正常化。我们的世界在一夜之间发生了翻天覆地的变化。"全世界对德克勒克的政治胆识和勇敢行为赞不绝口，世界各国领袖纷纷致电祝贺。而德克勒克的自我评价是"在正确的时间做了正确的事情"。

9 天后，曼德拉结束了 27 年的铁窗生涯。这位白发老人面带微笑，慢步走出了监狱大门。成千上万的民众聚集在开普敦的市政厅前欢迎这位自由战士。曼德拉告诉大家，隔离制度在南非是没有前途的，"我与政府谈判的目标就是要实现国家政治形势的正常化"，"地平线上已经出现了自由的曙光，我们更应该加倍努力"。

曼德拉告诉大家，德克勒克在实现政治形势正常化方面比任何其他国民党领导人都要开明。同时，曼德拉要求政府必须立即停止实行紧急状态法，并释放所有政治犯。他呼吁南非人民一定不要放弃大规模的行动，强调"时至今日，武装斗争的必要性仍然存在，我们别无选择，只能继续"。曼德拉向人群举起拳头，人群中响起一片巨大的欢呼声。

这个场景令坐在电视机前的德克勒克深感不安。"我再次意识到前路极其艰险，"他在回忆录里写道，"一个不可逃避的事实震撼着我：一段不可逆转的旅程开始了——没人能够预测它的结局。"

三、两位互疑的政治家

法国历史学家托克维尔曾经指出："对一个坏政府来说，最危险的时刻通常就是它开始改革的时刻。"南非就是如此。在严密的种族隔离制度下，南非犹如一个紧扣的高压锅，一揽子改革计划的公布，就像将锅盖揭起。国内压抑已久的政治力量沸腾起来，冲突广为扩散，骚乱、抗议游行和罢工造成了更多死亡。

1990 年 3 月 26 日，警察向示威游行队伍开枪，导致 8 名黑人抗议者死亡。非国大强烈抨击政府，要求立即解除国家紧急状态，并要求安全部队立即从黑人居住区撤离。但是德克勒克认为，民主进程的谈判应当在和平环境下进行，地方治安必须维护。非国大决定取消原定于 4 月初与政府的会谈。曼德拉和德克勒克面谈，就应当如何应对当前局势等问题展开激烈争论。

整个南非和全世界都心急如焚，期待着非国大和政府之间的正式谈判。所有人都清楚：政府拥有权力和威信，而非国大则有群众基础。如果不达成和解，不但和平无望，新的权力分配也无从谈起。最终，曼德拉和德克勒克还是成功解除了危机。

1990 年 5 月 2 日至 4 日，第一次历史性会议在南非总理官邸——格鲁特舒尔庄园召开。政府和最大反对党详细列出了双方有分歧的事项，为和解与解决相关问题打下基础。双方签订了《格鲁特舒尔备忘录》，承诺共同维持稳定局势，创造和平的谈判环境。会谈取得了成功，但严重冲突的局面仍然令谈判双方剑拔弩张。非国大认为，安全部队不是鼓动或参与了暴力行为，就是在预防和调查过程中消极怠慢，德克勒克本人也受到了质疑。这些都造成了德克勒克和曼德拉两人关系的紧张和对立，德克勒克甚至一度摔掉后者的电话。

暴力仍在全国肆虐，不断有人在冲突中丧生。恰在此时，安全部门揭露了非国大一项代号为"乌拉行动"的计划。这是 20 世纪 80 年代中期非国大领导人授权制定的，目的是建立一个地下工作网，为革命做准备。非国大开始与政府和谈后，"乌拉行动"仍然保留下来，以防宪制谈判失败。

另外，白人政府认为，必须保证对整个变革过程的掌控，因此设想了改革过程中可能遭遇的巨大风险，并就局势恶化情况下的替代计划展开讨论。在谈判过程中，曼德拉一直指责，安全部队内部有一支邪恶的"第三部队"，它就是一直在全国肆虐的暴力行为的罪魁祸首，德克勒克否认并反唇相讥。

德克勒克和曼德拉一面坐在一起商谈如何缓解国内的暴力局面，一面又质疑对方的诚意，相互的评价越来越低。德克勒克认为曼德拉虚伪、狡诈，曼德拉则认为，德克勒克尽管表面上采取了改革措施，但"他不愿意因为自己的改革措施而丢掉权力。他进行改革的目的恰恰相反，是要确保南非白人在新的统治制度下仍然占据统治地位。他不准备为结束白人统治制度而进行谈判"。

整个谈判进程一度陷入岌岌可危的境地。两位互疑的政治家维系着脆弱的关系，小心地推动谈判进行下去。先是德克勒克解除了全国的紧急状态，不久非国大也单方面宣布暂停武装斗争。随后，双方在比勒陀利亚再次举行会谈，就释放囚犯、特赦政治犯、继续在政治程序正常化前提下修订安全法规等方面达成一致。双方签订了《比勒陀利亚备忘录》，这是和谈道路上的一块重要基石。

在这些和解之举的促进下，南非开始重建与国际社会的正常关系。德克勒克先后访问欧美各国，获得了它们对南非改革的支持。在经历了长达 40 年的对抗和日益严重的孤立状态后，南非已经能够再次坦然面对国际社会了。

德克勒克的支持者们看到，改革正在产生回报。当时受到国际制裁的南非经济已经有 10 年停滞不前，经济增长停滞成为社会动荡的重要原因。

德克勒克认为，在国民感觉到其物质条件持续得到改善的前提下，才更容易实现宪政改革。解除制裁，使南非出口激增，经济回暖。

1991 年初，政府和非国大又签订《达尼埃尔·弗朗索瓦·马兰协议》，双方进一步达成共识：所有政党都应以和平的方式参与民主进程，不得诉诸武力；民众有权通过和平的游行示威表达意见，但任何一方都务必摈弃在群众活动中附带暴力和恐吓；任何政党都不得私设军队等。

南非似乎正在向美好的未来奔跑。

四、南非经受住了考验

可是，从 1990 年末到 1991 年初的几个月里，国内暴力持续不断。

曼德拉认为，暴力正在阻碍谈判，政府就是暴力行为背后的黑手，而德克勒克不作为，甚至"试图踩着黑人的尸骨前进"。德克勒克则认为，曼德拉和非国大不能践行其承诺。南非局势仍然在相互指责之中继续恶化。

1991 年 4 月 5 日，非国大给政府写了一封公开信，要求政府在 4 天内满足罢免国防部长、解散镇暴部队等 7 项要求，否则将中断宪制谈判。德克勒克拒绝了这些要求。南非政府邀请所有党派和利益集团开会，讨论暴力和恐吓问题，也遭到非国大的拒绝。当时形势严峻，谈判成果几乎要毁于一旦。

就在这时，又爆发了"因卡塔门"丑闻。因卡塔自由党是一个以祖鲁族为主的黑人民族主义政党，也以争取黑人解放为宗旨，但是它主张通过和平谈判解决南非问题，因而赢得了政府的好感。20 世纪 80 年代，政府将因卡塔自由党确定为对抗非国大的重要盟友，向其提供了数量可观的资金，还对该党所在地的警察进行了特殊训练。某些受训人员参与了对多位非国大成员的谋杀，这更加激化了非国大与因卡塔的矛盾，黑人流血冲突蔓延到约翰内斯堡周围黑人居住区。

德克勒克被质疑为政治需要而纵容、怂恿因卡塔自由党，以坐收渔翁之利。虽然他百般辩解，但是媒体揭露的丑闻人证俱在，使德克勒克狼狈不堪，两年来精心塑造的改革派形象大受污损。他不得不对内阁进行人事调整，撤掉国防部长和法律秩序部长，宣布成立"公共暴力与恐吓预防调查委员会"，彻查暴力根源。

德克勒克还受到来自白人极右翼力量的抨击。白人极右翼力量对德克勒克的改革极端不满，攻击德氏是白人"叛徒"，出卖白人利益。1991年 8 月，500 多名极端派武装分子以武力阻止德克勒克在阿非利卡人聚居的小城发表讲话。德克勒克动用警察力量，当场击毙 3 人。白人改革派与白人极右派的矛盾白热化。

在国家转型时期，每前进一步都很艰难，尤其是那些身负领导责任的人。德克勒克遭受白人内部极右翼力量的攻击，曼德拉也遭到黑人内部激进势力的攻击。要保持理性的和解精神，不被极端力量左右，是对领导人的巨大挑战，也是对一个国家的艰巨考验。

南非经受住了考验。在暴力冲突的同时，各方仍然保持密切接触。1991 年 9 月 14 日，来自政府、非国大、因卡塔自由党以及工会等多方面代表，共同签署了和平协议。协议规定了政党组织、警察、国家和平秘书处、地方及区域和平委员会的行为准则。

三个月后，"民主南非大会"正式召开。执政党第一次和其他南非党派举行正式和谈，标志着南非开始进入制宪谈判阶段。会议气氛热烈而和谐，几乎像狂欢节一样。各党派都在发言中表明了在谈判中将要采取的关键立场，国民党的首席谈判代表甚至为实施种族隔离政策表示了道歉。

曼德拉发表讲话说，政府通过其所管理的人民的批准才能取得统治权和合法性，正在举行的会议就是要创造这样一个合法政权。德克勒克也作出让步，同意在最终宪法生效前，国家由一个按照临时宪法选举出的多党过渡政府管理。

与会党派签署的意向书，包含了作为一个民主国家的全部基本要素的承诺：南非将成为一个统一、民主、无种族歧视、无性别歧视的国家；宪法至高无上；将实行拥有普选权和定期大选的多党制民主；行政、立法和司法之厦将实现三权分立；南非人民在语言、宗教和文化方面的多样性将得到尊重。

令与会者感到意外的是，两个最大政党的领导人之间却产生了一道永远无法完全愈合的裂痕。德克勒克在大会发言中，公开批评非国大言而无信，不信守与政府达成的协议。曼德拉立即予以反击，斥责德克勒克玩弄政治手腕，是"一个非法的、名声败坏的、少数人当政的政府的首脑"。

这两个在会议开始时亲密握手并表示将一道工作的政治家，此后失去了相互信任。在随后动荡不安的年月里，他们需要克服对彼此的敌意，化解僵局，推进谈判。

五、危机再次出现

让德克勒克感到忧虑的是，执政党的民意基础在削弱。

作为当政者，德克勒克一边要同非国大及其他党派谈判，一边要兼顾国家的管理，推进经济改革和为全体国民提供基本服务。另外，他还必须确保自己在国民党中的权力稳定，因为国民党是他的权力基础。

早在20世纪80年代，由于对改革意见不一致，国民党已经分裂。右翼人士退出国民党，建立了保守党。《比勒陀利亚备忘录》签订后，德克勒克对国民党进行改革，所有南非人都可以成为党员。在建立76年之后，这个力主种族隔离的白人政党，转型成为全民性的非种族化的政党。

但是，随着改革推进，德克勒克为促进谈判所做的每一分努力，都被保守党的宣传斥为妥协让步和离经叛道之举。极右分子则到处制造紧张气氛，唯恐天下不乱。不利的经济环境、肆虐的政治暴力，都被右翼势力大肆炒作，更加深了部分白人对改革前景的恐惧、猜疑和迷茫。

民主南非大会第一次会议开幕 6 周后，国民党在一个地区的补缺选举中被保守党右翼的候选人击败——该地区历史上一直是国民党的根据地。

选举结果让国民党和德克勒克本人十分惊慌，因为这意味着他们在 1989 年从白人选民那里获得的授权，正在悄然流失。国民党的公信力正在遭到严重的侵蚀。作为一个（种族基础上的）民选政府领导人，德克勒克一直认为，政府在实施重大政策时应该征得选民的授权。

于是，这位政治家决心孤注一掷，决定在 1992 年 3 月 17 日进行全国白人公民公投，对他的改革政策和与非国大和谈进行投票表决。当时公投的风险很大，如果遭到失败，德克勒克唯有辞职。公民公投对年满 18 岁的所有白人选民提出了一个直截了当的问题："你支持继续实行总统于 1990 年 2 月 2 日开始进行的、旨在通过和谈建立新政府的改革吗？"

公投结果表示，69% 的白人选民支持和谈。这表明绝大多数南非白人已经认可了变革的必要性，也意味着德克勒克获得了继续推进谈判的授权。德克勒克长出了一口气。

公投结果揭晓之日，恰好是德克勒克 56 岁的生日。德克勒克备受鼓舞，他在获胜演讲中说："一个国家给予自身超越自我的机会，这样的事情并不常见，而这正是白人选民们所做的。"他还将这一天称为"新南非的诞生之日"。事实证明，德克勒克过于乐观了，在意义重大的制宪大会前夕，危机再次出现。

民主南非大会第二次会议原来要解决未来国家的宪政问题，可是政府与非国大在许多问题上相争不下，无法达成协议。于是，原定 1992 年 5 月 4 日上午召开的民主南非大会第二次会议，推迟到中午 12 点，然后又推迟到下午 2 点，最后推迟到下午 4 点才终于召开，而且在大会结束时出现了僵局。

当天晚上，曼德拉和德克勒克一边喝咖啡，一边进行会谈。"全南非和全世界都在看着你和我，"曼德拉对德克勒克说，"我们要挽救这个和平进程，让我们达成某种协议，让我们至少确定下一次谈判的日期。"遗憾的是，第二天会议仍然在僵持不下的状态下闭幕。

尽管双方努力地赋予民主南非大会第二次会议积极的色彩，却掩盖不了长期以来形成的极其严重的紧张态势，而它预示着整个变革过程中最岌岌可危的阶段即将到来。

就在民主南非大会第二次会议召开的第二天，非国大在全国发动了一场浩浩荡荡的群众示威运动。非国大声称，这是为了抗议政府无限期拖延，通过这个策略向政府表明，南非人民不准备为了自由永远地等待下去。官方则认为，此举目的是通过全国性罢工破坏经济，推翻政府。

不久就爆发了流血事件。因卡塔自由党在一个小镇杀死 46 名非国大支持者，其中多数都是妇女儿童。非国大指责政府参与了这次大屠杀。在 2 万多人的群众大会上，有人打出了标语口号："曼德拉，给我们枪！"曼德拉开始同情强硬派，他将国民党比作德国纳粹，发表声明宣布，非国大退出民主南非大会！

德克勒克也很愤怒，他认为非国大提出的一些要求蛮横无理，表示绝不会考虑听从。此时，德克勒克并非没有退路，作为执政党的国民党仍然掌握着政府，拥有高效运作的情报组织和治安体系。更重要的是，国民党掌握着 9 万"枪杆子"，南非陆军是世界上机动性最高、自给能力最强的军队之一。此前，南非国内外势力多次使用武力推翻白人政权的尝试都以失败告终。

作为南非国民党的"官二代"，德克勒克有可能将国家体制带到一个危险的方向。假如他真的停止宪政改革，转向依靠军队和安全部门，南非完全有可能沦为一个法西斯国家。

南非走到了十字路口。

六、枪杆子维护不了真正的安全

全世界都在紧张地关注着南非。

群众示威运动在全国进行，数百万工人参与罢工。一度有 6 万示威者聚集在政府门前的草坪上，扩音器的声音和人群的咆哮传进了政府大楼。德克勒克对媒体记者说："没错，我注意到了群体性活动，并且对这些活动对暴力气氛的影响表示担忧，但政府必须继续承担治理国家的任务。"

他的担心不是多余的。持续的示威游行必然加剧社会的紧张气氛，迟早会酿成流血悲剧。果然，9 月 7 日，正在首都开会讨论宪制谈判的德克勒克得到消息：数百公里外的比绍发生惨案，警察开枪打死、打伤200 多人。

正如古老的谚语所说，最黑暗的时刻是黎明的前奏。比绍的悲剧反而导致和谈的重新开始，非国大联盟的重心因此重新回到了温和派。曼德拉会见了德克勒克，通往谈判的道路再次打开。

20天后，德克勒克和曼德拉签订《谅解备忘录》，包括释放政治犯、设立独立机构监督警察行为、禁止公共场合携带武器等。这份文件的真正意义在于，它打破了民主南非大会第二次会议关于立宪的僵局。双方同意将选举产生一个宪法起草机构和一个临时政府，最终宪法必须以绝对多数票通过。这有助于防止权力过度集中于单一政党，化解了白人们的担心。

不幸的是，黑人有了分裂。因卡塔自由党宣布退出谈判，不再受协议约束。因卡塔自由党还与其他白人右翼党派组成"南非忧心人士联合会"，要求废除《谅解备忘录》，结束民主南非大会，解散非国大的"民族长矛军"。

"在我们刚刚将非国大重新拉上谈判的列车后不久，其他重要党派却跳了下去，"多年以后，德克勒克回忆起这段往事，苦恼地说，"我们再一次开始了把每个人拉回来的艰难工作。"

德克勒克宣布，将在1993年3月底以前举行一个全新的、包含面广的多边谈判论坛，5月底以前在过渡宪法问题上达成协议，9月底以前将其付诸实施，1994年4月举行第一次全民大选。然而，突然爆出的军队丑闻几乎打断了宪政时间表。

1992年底，一份调查报告披露：政府的某些部队一直在南非和国外非法囤积武器，一直在向因卡塔自由党内的某些成员提供军火和协助，而且参与鼓动和实施暴力，败坏非国大名誉，暗中破坏谈判进程。南非国防军还被控从事过骇人听闻的生化战和试验活动。

这些犯罪活动带有明确的政治目的。他们强烈反对新总统所提倡的彻底转向，认为软弱的德克勒克是"叛徒"。在他们看来，对非国大和南非共产党的解禁，释放曼德拉，启动和谈，终止秘密行动，解散国家安全管理体系和解除全国紧急状态，都是向黑暗势力的妥协。因此，他们煽动不同种族之间的暴力冲突，制造普遍对立情绪，目的就是阻挠改革进程。

现在，德克勒克面临着总统任期内最为关键的抉择之一。南非国防军代表着政府最根本的权力保障，并且是德克勒克所发起的宪制进程最后的保障者。当时，他还不确定整个过程是否能够和平地完成，因为在1994年4月选举之前任何事情都有可能发生。非国大可能会再度发起群体性活动，它的激进派也许会再次占据上风，重启"乌拉行动"和武装斗争。有些地区可能发生分裂活动，还有可能发生右翼暴动。

和前任不同，德克勒克没有担任过军队职务，可是他又必须当机立断。他深知，枪杆子维护不了真正的安全，只有所有公民的人权和尊严得到尊重与维护，真正实现了正义，真正的安全才会到来。最终，德克勒克召开新闻发布会，宣布16名高级军官被强制退休，继续司法调查。

不久，德克勒克又采取了一项震惊世界的行动。1993年3月24日，德克勒克向世界宣布，南非已经将全部原子弹都拆卸分解，成为世界上第一个废除核武能力的国家。20世纪70年代，南非在受到国际社会孤立的背景下，独立自主地制造出核武器。德克勒克审时度势，认为保留核武能力不再具有任何意义。

销毁核装置的惊人之举受到了国内外欢迎，但是也在军界的某些圈子中引起了愤恨，他们对德克勒克带领这个国家前往的方向表示不满和警惕。

七、危机重重

经过艰苦努力，各党派终于再次回到谈判桌前。"民主南非大会"更名为"多党谈判论坛"，代表团总数达到 26 个，代表性更为广泛。一切似乎都一帆风顺，直到被约翰内斯堡的一声枪响打破。

1993 年 4 月 10 日，"民族之矛"组织前指挥官、南非共产党秘书长克里斯·哈尼被一位白人极端主义者在街头枪杀。哈尼是非国大与南非共产党联盟中一位深得人心的人物，在南非改革的关键时刻，这一悲剧极有可能引发一场巨大危机。

德克勒克立刻发表声明，呼吁所有领导人保持克制并约束其追随者。他说："虽然他和我处于政治争论中对立的两极，但我们都准备通过和平谈判来解决我们国家的问题。他已无法继续这一遗愿，但我们这些生者必须重新致力于和平谈判，致力于创建一个不再重演此类野蛮行径的社会。"

"现在到了全体南非人民同仇敌忾的时候了，"曼德拉也以政治家的姿态挺身而出，呼吁人们保持冷静，"无论来自任何阵营，谁要是希冀摧毁克里斯·哈克为之献出生命的事务——我们所有人的自由，那便是我们的敌人。"

可是，非国大还是在全国安排了为期一周的群众集会和示威。曼德拉解释说，这是为了"对非洲人国民大会的支持者有所交代"，"这样，就为人民提供一个表达他们不满的方式，而且又避免了暴力"。

然而在当政者看来，非国大的抗议活动使得南非再次陷入危机。德克勒克甚至说，由于非国大未能管束其追随者，"使得局势仿佛回到了

1992 年 8 月那段动荡不安的岁月"。国民党的支持者对国家的未来忧心忡忡。德克勒克一方面安抚民众，一方面宣布控制群众示威的措施，并增派 3000 名安全部队成员。为此，德克勒克和曼德拉之间再次发生激烈争论。

幸运的是，政治暗杀并没有造成极左和极右分子所希望的那种烽火连天的局面。相反，人们大多反应较为冷静。毕竟在这个时代，决定政治立场的主要因素将不再是种族，而是政治信念和价值观。几周之后，谈判恢复，曼德拉和德克勒克都面临着同样的棘手问题：在自己的阵营中能得到多大支持，能够做出多大让步？

随着一个内容广泛的基本框架渐趋成型，右翼分子越来越躁动不安。数千名右翼分子聚集在谈判会场周围示威抗议，一度强行闯进区域内。数百名身穿卡其布制服的新纳粹组织阿非利卡人抵抗运动成员占领该建筑，蓄意破坏一番后才散去。

"青山遮不住，毕竟东流去。"在历史大势面前，极右势力已经无法阻止谈判。绝大多数党派确定：南非第一次完全意义上的民主选举将于 1994 年 4 月 27 日举行。两个月后，议会通过了《过渡执行委员会法案》，按其规定将成立一个多党过渡执行委员会，在选举筹备期间监督政府，以确保政府的行为既不偏向也不妨害任何政党，创造一个自由公平的选举氛围。

1993 年 11 月 18 日早晨，多党谈判论坛最终通过了临时宪法。宪法提出："对民族团结的追求，为全体南非人民的幸福与和平，要求南非人民实现和解，重建社会……我们需要理解，不是复仇；是补偿，不是报复。"

过渡宪法是妥协的产物，它与所有踏上谈判道路之初的党派的期望都不尽相同。正如德克勒克在闭幕演讲时所说："尽管我们经历过挫折和失败，尽管有人退出和抵制，尽管可怕的暴力仍在折磨着如此多的同胞，尽管当天有一些重要的政党缺席，但我们仍然证明了，观点和信念大相径庭的人们通过互相妥协、理性的辩论和谈判来达成基本而全面的共识是可能的。"

通往自由的道路注定不会平坦如砥。随着 1994 年的到来，各种政治势力加紧活动，南非的局势充满了变数。暴力仍然在继续，几个黑人家园也发生严重骚乱。更让人们焦虑的是，因卡塔自由党和右翼党派拒绝参加大选，南非最大的民族祖鲁族要求独立。

假如祖鲁族独立，假如因卡塔自由党和右翼党派不参加大选，那么南非首次民主选举的合法性就会大打折扣，而且会对整个宪制进程带来不稳定影响。因此，德克勒克和曼德拉积极奔走呼吁，但他们坚持原定的大选日期，毫不动摇。

八、一个有勇气和理智退出舞台的人

幸运的是，在距离大选仅剩一周的时候，谈判出现了转机。在各方作出让步之后，祖鲁人放弃独立要求，因卡塔自由党也答应参加选举。

这是南非国民党第一次参与一个真正建立在非种族基础上的大选。南非第一次民主选举的场景感动了全世界：耐心的人们排着长龙，蜿蜒穿过乡镇和城市那尘土飞扬的道路和街道。那些等了半个世纪才等来一生中第一次投票选举的黑人老年妇人说，她们第一次感到自己像人类；白人则说，他们为最终生活在一个自由国家里而感到自豪。选举在和平环境里顺利进行，再也没有了暴力和流血。

投票结果，非国大以 62.6% 的选票胜出。国民党则获得 20.6% 选票，成为南非第二大政党，同时还是第三大黑人政党，因为有 50 多万黑人投了国民党的票。南非国民党——这个种族隔离制度的始作俑者和后来的废除者——在这次大选中成功转型，一变成为南非最具民族多样性的政党。

直到此时，许多非国大的支持者还在忐忑不安。他们担心国民党会玩弄花样，拒绝接受大选结果，或者策动一场右翼政变。因此，他们紧张地围坐在电视机前，期待着德克勒克的出现。

德克勒克出现在电视画面里，表情平静。无数白人和黑人屏住呼吸，收紧喉咙，注视着这个历史性场面。这位种族隔离时代的最后一位总统温和地宣布，承认败选，向曼德拉表示祝贺，宣布他准备在新南非的首届民族团结的政府里与曼德拉合作。

四年来历尽艰辛、常常令人心灰意冷的谈判，还有重重困难和危机，这位政治家穿越无数险风恶浪，最终把国家带到了一个崭新之地。一个全人类都为之骄傲的社会出现在非洲大陆。南非转型证明了：即使是最棘手、最复杂的问题，也能够通过妥协、谈判和善意来解决。

国情复杂是许多国家拒绝改革的借口，但是南非改革的艰难复杂不亚于其他国家。在南非，各个种族、部族、政治派别、利益集团历史上积累的新仇旧恨之多，在人类历史上也是罕见的。在这个积累了数百年民族恩怨的多民族、多种族国家里，在公平公正的基础上让所有人都享有充分的政治权利，但同时又不会导致多数统治和压迫，毫无疑问是一个巨大的历史难题。

在历史的紧要关头，南非拥有两位出色的领导人。德克勒克是一个有勇气和理智退出舞台的人，他还幸运地遇到了曼德拉。这两个互相猜疑的领导人摒弃个人恩怨，为促进和平、宽容与和解，带领这个"彩虹之国"步履蹒跚地走过了一场又一场的危机，终于迈进了新时代的门槛。历史证明，曼德拉成就了德克勒克，德克勒克也成就了曼德拉。

从现代文明的角度看，那些视生命为草芥，为个人权力而不惜杀人盈野者，绝非英雄。只有那些顺应世界潮流，为国家、为人类的利益不惜放弃个人权力和地位的人才是伟人。在这个意义上，德克勒克是当之无愧的伟人。

编后絮语

曼德拉、德克勒克，还有图图大主教

1993年10月15日，挪威诺贝尔委员会宣布，将1993年的诺贝尔和平奖授予非国大主席曼德拉和南非总统德克勒克。该委员会在奥斯陆宣布授奖决定时说，曼德拉和德克勒克为消除南非种族歧视做出了贡献，他们的努力为在南非建立民主政权奠定了基础。2002年12月10日，南非总统府授予曼德拉和德克勒克南非最高国家勋章。南非总统姆贝基说，勋章将向人民叙说南非的历史，这是南非人民首次向卓越的政治家表达感激之情。

关于德克勒克，说他成就了新南非，成就了曼德拉，估计没人会有异议。曼德拉这样评价他："我们必须承认他做出的贡献，如果没有他，我们就不可能在没有政府的合作之下取得这种进步。"

南非在从种族主义制度向新社会艰难迈进中能够避免大规模流血冲突，从而基本实现和平过渡，德克勒克功不可没。有人说：放弃比争取拥有更高贵的品格。德克勒克是罕见的放弃武力和权力的政治领袖。

如果光看结局的话，南非终结种族隔离走向民主化，算是皆大欢喜。事实上，变革是艰难的，有时甚至是叵测的。各方利益博弈，各色暗潮涌动。冲突，对抗，步步惊心；让步，妥协，精疲力竭。即便德克勒克与曼德拉的关系，也是很耐人寻味的。别忘记，每个人都会斗心机耍权术，作为两个背景与经历完全不一样的人，猜忌与恶意都是难免的。好在，他们最终以纯洁的心思和精湛的理智，赢得了最好的结局。

一个民族的好运气，往往来自其优秀人物的风云际会。在南非，除了德克勒克与曼德拉这一对功不可没的"黑白双星"外，还有一颗闪亮的星星——德斯蒙德·图图。他在 20 世纪 80 年代由于坚决反对种族隔离赢得世界的赞誉，于 1984 年获得诺贝尔和平奖。1986 年被选为开普敦大主教，成为南非基督教会的最高首领。1995 年领导真相与和解委员会促成南非的转型正义与种族间的和解，被广泛认为是"南非的道德良心"。

　　1994 年 4 月 27 日，南非举行了第一次民主大选，结束了非人性的种族隔离制度，告别了血腥的历史，政权和平过渡。新政府所面对的最当即、最棘手的问题是如何处理种族隔离所带来的积怨和愤怒。作恶者和受害者如何共同生活下去，是复仇和清洗，杀人偿命、以血还血、以牙还牙，还是以德报怨，给全民族（无论肤色黑白）一个新的起点？1994 年 11 月 29 日，南非政府宣布成立"真相与和解委员会"，任命图图大主教担任委员会主席。

　　图图认为，像"二战"后纽伦堡审判那样简单的宣判与惩罚并不适合南非。纽伦堡之后盟国成员各自拍拍手回家，而南非白人和黑人还得在同一个国家里共同生活下去。但如果对过去的罪恶一笔勾销，不但对受难者和他们的家庭不公平，也会让整个民族失去记忆。

　　忘却过去，一切罪恶都将可能重演。南非选择了第三条路径，那就是宽恕与和解，在种族压迫制度下犯罪的人，只要坦白自己所有的罪行，并真诚地请求宽恕，他们将得到赦免。

　　真相与和解委员会将自己的宗旨确立为"在弄清过去事实真相的基础上促进全国团结与民族和解"。其具体任务为：第一，尽可能全面地调查自 1960 年 3 月 1 日至 1994 年 5 月 10 日这段历史时期内各种严重侵犯人权事件的真相。第二，通过让受害者讲出真相以恢复他们的公民尊严，并提出如何对这些受害者给予救助。第三，考虑对那些出于政治目的严重侵犯人权但已向真相委员会讲出所有事实真相的犯罪者实施大赦。

作为委员会主席，图图后来在他的著作《没有宽恕就没有未来》中，阐述了"真相与和解"的意义："我希望通过委员会的工作，我们能打开并清洗伤口，防止伤口化脓溃烂。""我们不能轻描淡写地说过去的就过去了，因为它们不会轻易过去，总有一天会回来折磨我们。真相与和解不是便宜的，因为它的基础是宽恕，宽恕是昂贵的。宽恕又要以悔悟为前提，悔悟的基础是承认所做过的错事，公布真相，你无法宽恕你所不知道的事。"

图图和委员会成员遍行南非各地，他们听取了21000名证人的陈述，让受害者当众讲出曾遭受的痛苦与屈辱，也让当年的官员、警察、打手和告密者供出自己所犯罪行，以求得宽恕。他们审问的，不仅有白人作恶者，也有黑人，包括国大党的成员。

最著名的，要数曼德拉的前妻温妮。温妮的悔过，无疑是给许多黑人的激进分子提供了一个样板，在种族隔离年代犯下罪过的并不都是白人，南非选择了宽恕与和平，显示了整个南非民族从仇恨走向和解的宽容气概。

当时，很多人都担心南非黑人当权之后必定要对白人施加报复。所以，南非最后用宽恕和解替代报复仇恨，让全世界震惊，也让全世界欣慰。许多人仍认为南非种族间的积怨深如鸿沟，图图和解委员会的那几锹土是不可能把它填平的。但是，所有人都承认，"真相与和解"让南非成功地避免了许多人预料的流血冲突，为新南非的和平发展奠定了基础，也为世界其他冲突地区的和解提供了一个楷模。

"真相与和解"的理论基础，缘自非洲的传统 Ubuntu，这个词无法翻译成英文。非洲人称赞某人时，常常说"这个人有 Ubuntu"，意思就是说这个人很慷慨好客，充满同情心，愿意与其他人分享一切。Ubuntu 意味着所有的人都是捆在一起的，非洲人说"一个人都是通过其他人而存在"，每个人都应该对愤怒、仇恨、报复避而远之。Ubuntu 是一种非洲哲学，也是一个人成为人的最基本的要素。"真相与和解"就是以 Ubuntu 为基本思想的。

延伸阅读

- 弗雷德里克·威廉·德克勒克《漫漫自由路》
- 德斯蒙德·图图《没有宽恕就没有未来》
- 秦晖《南非的启示》

作者简介

马国川，《财经》杂志主笔、财经评论刊执行主编、中国教育三十人论坛秘书长。曾供职于中国改革杂志社、经济观察报社。出版了《大碰撞：2004—2006 中国改革纪事》《风雨兼程》《我与八十年代》《没有皇帝的中国》《重启改革议程》(与吴敬琏合著)等作品。《重启改革议程》荣获"第八届文津图书奖"。

精彩快读

- 对芬兰的公务员来说，受礼和吃请绝对是天大的事，人际交往必须谨守分寸，法律规管十分严格，甚至到了苛刻的地步，一不小心就可能把前途和事业搭进去。

- 一旦公务员被坐实了腐败，不仅会被立即革职，严重的话还会入狱，私营机构不愿雇佣，也会被社会上的人看不起，更重要的是在亲朋好友、街坊邻居面前永世不得抬头。腐败成本是十分高昂的。

- 芬兰的公务员进入政府工作后的第一件事，就是要赶快向有经验的公务员请教，到底界限在哪里，以免误触法网。

- 公民的自律是防止腐败最有效的手段。

背景介绍

芬兰地处北欧，是一个高度发达的资本主义国家，也是一个高度工业化、自由化的市场经济体。芬兰国民享有极高标准的生活品质，芬兰政府公务员清廉高效，并且在社会形成广泛共识。监督世界各国腐败行为的非政府组织"透明国际"公布《2005年全球清廉指数报告》，芬兰排名第2，中国排名第78，此前，芬兰在这项排名中，已连续5年获得第一。

芬兰的廉洁从哪里来

孙宏光

芬兰地处北欧，全国人口 520 万，大体上只相当于中国的一个大城市。这个国家 1/3 的土地在北极圈内，是不折不扣的寒冷地带。但就是小国寡民的芬兰，多年来在全世界的评比中，拿下了多项世界第一：

世界经济论坛认为芬兰是全球最具竞争力的国家；

芬兰有世界最好的学校系统，中小学生的阅读能力、科学素养在全世界名列第一，数学排名第二，问题解决能力排在第三；

芬兰人热爱大自然，全国 67% 的国土覆盖了森林，平均每 25 个人就拥有一个湖泊，在绿色排名中，芬兰是全球环境质量最好、最具可持续发展能力的国家；

芬兰人热爱自然，也能拥抱科技，它的互联网普及率世界第一、移动电话普及率世界第一，它甚至能够抢在信息产业超强的美国前面，率先迈入信息化社会；

......

在透明国际公布的《2005 全球清廉指数报告》上，芬兰的廉洁排名全球第二。此前，芬兰在这项排名中，已连续 5 年获得第一。

很多芬兰人都说，已经很多年没有听说过有什么腐败的事情了。较近的一桩案子还是发生在 2002 年。2002 年 5 月芬兰《晚报》披露，文化部部长苏维·林登批准向一家高尔夫公司提供 17 万欧元的政府资助，而她和她的丈夫及数位亲属都拥有该公司股份。政府司法总监闻讯立即展开调查，事件见报一周之内，林登便被迫下台。这种在我们看来小儿科的案子，已经算上是芬兰几十年间唯一的一个大案。

据统计，1985 ～ 1992 年，芬兰只有 25 起贿赂罪。现在在芬兰，全国的法院每年受理的行贿受贿案件加起来也不足 10 起，而且几乎都是一些鸡毛蒜皮的小案件。芬兰政府廉洁得已经快要让人们忘记还有腐败这回事了。在这次的《清廉指数报告》上，芬兰的邻国冰岛成为全球最廉洁的国家。自 1918 年冰岛成为主权国家，近 90 年时间，一共只有 4 名高官因腐败而辞职，最近一次还是在 20 世纪 80 年代。北欧地区的国家，差不多都是如此。

廉洁自律是社会风气

2001 年美国《读者文摘》杂志曾在全世界范围内做了一项很有意思的试验。试验内容是要测试 30 多个国家（和地区）民众的诚实程度。测试方法是在每个国家选择几个地区，故意在每个地区丢下 10 个钱包，里面装有相当于 50 美元的当地货币。钱包里同时附有失主的联系方式，拾到钱包的人如果想物归原主，可以轻易地联系到失主。最后统计钱包交还给失主的比例。

试验发现，最诚实的 5 个国家是挪威、丹麦、新加坡、新西兰和芬兰。其中挪威和丹麦的钱包归还率竟然达到 100%，芬兰高达 80%！耐人寻味的是，这 5 个国家，在《清廉指数报告》中，全部入选最廉洁的前 10 位。

社会风气的好与坏，对公务系统的廉洁影响极大。一旦贪污受贿成为社会普遍的一种习惯，送钱送物办事易如反掌，循正常渠道难比登天，守规矩的人吃亏，不守规矩的人发达，甚至腐败成了制度，人们不以腐败为耻，反以堕落为荣的话，可想而知反腐败的阻力和难度将会有多大。一项小小的拾金不昧测验，折射出在芬兰这个国家，人民对不属于自己的财物的态度。在芬兰，就算是在车流稀少的深夜街头，红灯亮起时，司机也会安静地停车等待，你看不到有谁会去闯红灯。芬兰人在日常生活中奉公守法的习惯，以及整个社会形成的强大的正气，想在这样的国家搞腐败，是不是很有难度呢？

所以芬兰的总检察长马蒂·库西迈基说，公民的自律是防止腐败最有效的手段。

透明处处可见，监管无处不在

但是公民的自律不是从天上掉下来的，要靠人们努力去争取。在历史上，芬兰也曾经是一个贪污受贿横行、腐败成为习惯的国家。芬兰治理腐败的经验，其实与全世界所有成功根治腐败的国家或地区一样，不外乎民主、法治、制衡、监督、公开、透明、教育等这些老生常谈的理论。讲理论，写 10 本书都可以，问题在于，你有没有决心去落实。

想要治理腐败，首先就要管住公务员的嘴。芬兰人热情好客，民间互相请客送礼也是人之常情。但是对芬兰的公务员来说，受礼和吃请绝对是天大的事，人际交往必须谨守分寸，法律规管十分严格，甚至到了苛刻的地步，一不小心就会把前途和事业搭进去。因此，芬兰的公务员进入政府工作后的第一件事，就是赶快向有经验的公务员请教，界限在哪里，以免误触法网。有经验的公务员会告诉他们，一般的经验是：可以喝一杯啤酒，或者吃一个三明治，但如果不小心喝了别人的葡萄酒，那么分分钟都可能出问题。

芬兰法律规定公务员不能接受价值较高的礼品，而他们对价值较高还有细化的定义，主要根据物价指数调整，一般在24美元（20欧元）左右。芬兰的物价水平较高，在一些餐馆里，一杯白开水可能都要收你5美元，这样看来就算你在餐馆里请公务员喝白开水，也要数一数能喝几杯才可以。这是公务员受请的规定。

而如果是公务接待，也就是出于交际应酬需要用公款请客，上至总理下至普通科员，一起吃饭的有些什么人，点了什么菜，花了多少钱，都要巨细无遗地在网上开列清单，人人可以看得到，件件能够查得清，一切都很透明。媒体发现问题可以曝光，公众发现不妥可以举报、起诉。法律不仅细化可操作，更重要的是法律非常严肃，你绝对不能当它是摆设。芬兰曾有中央银行行长级别的高官，在公务接待中一不小心上了一道鹅肝，传媒上网查阅菜单后曝光，行长就因为这道鹅肝而下台！

中国人去芬兰，对芬兰人的廉洁更是深有体会。曾有作者在报上发表文章，讲述他应在中国驻芬兰大使馆工作的叔叔之邀去芬兰，得知了这样一件事：每年新年前夕，当地民间也有送礼的习俗。中国使馆的礼很简单：一瓶茅台酒、一筒茶叶，另外再加一瓶红酒，略表对芬兰合作伙伴一年来给予帮助的感谢。事后才知道芬兰的公务员们用自己的薪水买回了礼物。

芬兰公务员的确需要小心。因为在芬兰，不仅接受金钱和实物算作受贿，就算是接受低于市场利息的低息贷款，甚至是接受不花人家一分钱的荣誉头衔，也可能被视为受贿。芬兰的人口少，生活圈子小，政府人员也少，公职高薪，但谋职不易。一旦公务员被坐实了腐败，不仅会被立即革职，严重的话还会入狱，私营机构不愿雇佣，也会被社会上的人看不起，更重要的是在亲朋好友、街坊邻居面前永远抬不起头。腐败成本非常高昂。

要知道，芬兰可是世界上最富的国家之一，2004 年人均 GDP 高达 35885 美元。我们不妨估算一下，考虑到收入比例，如果按照芬兰对公务员的要求来要求我们中国的公务员，会是一个什么样的情况。中国人均 GDP 1200 美元，按照芬兰 24/35885 的比例，中国公务员可以收礼的界限就是 0.8 美元（6.5 元人民币），只能吃一个盒饭。

要想治理腐败还得看好公家的车。意大利西西里岛有个倒霉的市长，他和夫人出去私人旅行，让司机用公车把他们送到港口，旅行回来又让司机接了一次。似乎再平常不过的一件事，却被人告上法庭，市长公车私用，补回汽油费都不行，公职丢了不说，吃了官司还被判入狱 6 个月。

这是在意大利，2005 年廉洁程度排名第 40 的国家发生的事。意大利的事已经让我们吃惊，那么，排名第二的芬兰，又是如何治理公车的腐败呢？

说来你可能不相信，芬兰可以说根本就没有公车腐败。除总统外，芬兰整个公务员系统中，只有总理、外交部长、内务部长和国防部长 4 个人享有专用公车待遇。而且他们也只能在上班时使用。据说虽然贵为一国元首，芬兰总统也常常骑自行车外出。

为了管住其他公务员集体使用的公车，芬兰政府曾设计了一套监控系统。公车上装有两个按钮的发射器，一个刻有"公务"字样，另一个刻着"私事"字样。如果是私事，就要照章纳税。公务员用车需要事先向政府办公部门申请并讲明去向，上车时还要分情况按下按钮，让监控中心收到信号具体掌握公车一路的行踪。如果按下了公务按钮，而汽车实际行驶的方向不对，车上的无线电话就响了，监督人员会打来电话询问和提醒开车者……令人感慨的是，这个监控系统在芬兰装了近5年，竟然没抓到一个违规者。不是因为系统不灵光，而是公务员实在太守规矩，政府试了几年后发现多此一举，干脆把系统都拆了。即使系统拆了，车上没有了"眼睛"，也没有人拿公车去办私事。

公务员如果需要出差，自然有专门的部门替他订好交通和酒店。政府对出差的审批相当严格，想出趟差也不太容易。不过一旦获准出差，在外面的食宿不会差，但是一般的原则是在出差地要尽量搭公共汽车。出差的补助每天有定额，政府做得更绝的是：如果出差少于一天，就要按小时来发放补助。想要趁出差逛旅游景点？就得自己掏钱，政府的补助可没有多给一分钱。

芬兰国有经济比重只有8%，而且这部分打理得也很好。政府几乎所有的收入都来自人民缴纳的税收。政府很小心地花这笔钱，除留下维持政府运作的必要开支外，将大部分钱投入到教育、医疗、科技、公用事业、社会福利救济等领域中，以另外一种方式返还给人民。

而事实上，芬兰国有经济这8%，也多集中于社会公益或半公益的领域之中，而且监管得法，效率颇高。政府很少主动兴办经济实体，更不会垄断某个赚钱的行业来与民争利。我们注意到芬兰、瑞典、丹麦、挪威、冰岛这些北欧国家，廉洁程度都位列前 10，社会福利好，但税率也很高。但是北欧人并没有太多抱怨，因为一方面他们普遍有社会责任感；另一方面政府廉洁，纳税人知道钱用在哪里，钱用得其所，人民缴税也缴得服气。

编后絮语

朱元璋反腐："奈何朝杀而暮犯？"

帝王们也会反腐败吗？会的。应该说，从维护皇权利益的意义上来说，他们理应反对除自己以外所有其他人的腐败。历代帝王中，朱元璋对贪污腐败最深恶痛绝。这种痛恨，既源于血液，又源于理智。作为一个前贫民，疾"贪"如仇是因为自己底层生活的痛苦经历；作为一个帝王，痛恨则来自对自己家业的爱惜，他生怕这些硕鼠毁坏自己辛辛苦苦建立起来的统治根基。他清醒地认识到，正是由于元代晚期吏治的极端腐败才给了自己推翻旧朝、建立新朝的机会，而他自己，绝不能重蹈元朝覆辙。

朱元璋反腐，其起罪之低、处罚之重，堪称史上第一。起罪的下限，在朱元璋自己钦定的案件里，就有因收受一双袜子、四本书、一条网巾这些不起眼的小物件而被定罪的案例。贪污银子达 60 两被杀头是一定的，被杀之后，犯官的皮还要被剥下来，装上草做成草人，放在官府门前的"皮场庙"示众，这就是朱明王朝最著名的"剥皮揎草"酷刑。"皮场庙"

其实原本是土地庙，这个名字，全因其展览被剥皮填草的官员而来。至于一般的剁指、断手、砍脚、阉割以及凌迟、斩首、腰斩，更是无所不有。

朱元璋的反腐运动，连续不断且牵连极广。洪武十八年（1385年），因户部侍郎郭桓贪污，除处死郭桓外，六部全部12位左右侍郎，以及大批地方官员也均被处死，死者达数万之多，被牵连破产的地主、百姓不计其数。从洪武元年（1368年）到其后长达19年时间，两浙、江西、两广和福建的官员没一个能做满任期的。正如朱元璋所说："自开国以来，两浙、江西、两广和福建设所有司官，未尝任满一人。"洪武十九年（1386年），同批发榜派官364位进士监生。一年后，这些官吏被杀6人，戴死罪、徒流罪办事者358人，竟无一幸免。

尽管如此，朱元璋还是未能制止住官吏的贪腐。明朝开国不过短短数十年，吏治就开始大规模滑坡，在很短的时间里达到了一个相当的贪腐高度。譬如正统朝的王振，抄家时被搜出"金银六十余库"，还不包括其他的玉器、珊瑚。弘治朝的李广，被抄家时搜出"黄白米各千百石"，所谓黄白米，乃当时隐语，就是指的黄金白银。黄金白银要以石来计算，可见其数额之大。最有名的大概就是明中期的严嵩了，他被抄家的物资名单，直接被编撰成了一本书，书名叫《天水冰山录》。难怪朱元璋曾经苦恼不已道："奈何朝杀而暮犯？"

延伸阅读

- 迈克尔·布斯《北欧，冰与火之地的寻真之旅》

- 杨光斌《政治学导论》

- 李秋芳《世界主要国家和地区反腐败体制机制研究》

- 吴振钧《权力监督与制衡》

精彩快读

- 苏丹的北方政治经济方面都取得了相当的发展，但是南方则基本没有获得发展。因此，即便是在独立以前，苏丹政治经济就已经是"北重南轻"的局面。

- 在蕴藏着丰富的油气等自然资源的少数民族聚居地区，中央政府和外资企业如果单纯开采石油或其他资源而不惠及当地经济社会发展和各民族情感的话，那么对资源的争夺就会像正在南苏丹所发生的那样，成为族群冲突的重要诱因。

- 南苏丹独立后，政治阵营基本按照族群分界划分，军队也建立在部族基础之上，行政和军事体系均缺乏统一的号令，各族群均掌握了实力不等的武装力量，以此为后盾来攫取政治权力，进而为本族群争夺相应的经济利益。

背景介绍

南苏丹共和国是非洲东部一个内陆国家。第一次苏丹内战后，苏丹南方于 1972 年至 1983 年得到自治。第二次苏丹内战随即于 1983 年爆发，自至 2005 年签署《全面和平协定》，并成立苏丹南方自治政府。2011 年，南苏丹独立公投通过，南苏丹共和国遂 2011 年 7 月 9 日 0 时宣告独立，并于同年 7 月 14 日，正式成为联合国会员国。

石油之殇：从前统一苏丹到南苏丹

唐世平　　张卫华　　王凯

在石油资源丰富的多族群国家——南苏丹，其两大主要族群（丁卡族和努尔族）之间的武装斗争已经持续了 8 个多月，造成了大量人员伤亡和大规模的人道主义灾难。虽然自 2014 年 12 月 15 日发生武装冲突以来，以南苏丹总统基尔与前副总统马查尔为代表的两大族群的领导人曾经两次短暂达成停火协议，但目前冲突和族群仇杀不断，南苏丹局势依旧面临失控的危险。基于对南苏丹独立前后族群冲突的历史进行宏观的追踪分析，我们不难发现，这个年轻的国家距离摆脱族群冲突的困境并实现民族和解，还有很长的一段路程。

中国作为南苏丹最大的贸易伙伴和外来投资国，其诸多利益均受到了南苏丹内乱的严重影响。例如，南苏丹最大外来投资商的中石油公司因战乱不得不从油田撤出中方员工，其采油设施的安全亦受到威胁，诸多分布在南苏丹北部的中资工程单位、投资公司也都受到战乱的影响。此外，中资企业在诸如南苏丹这类政局不稳定国家的投资会落人口实，会影响中国总体的海外利益和形象。

我们的研究表明，南苏丹的案例反映了某一类国家族群冲突的逻辑。这类国家同时拥有丰富的自然资源和多个族群，且有相当深远的族群矛盾。如何有效地预防和调停这类国家的国内冲突，在维护中国在这类国家的海外利益的同时，为这样的国家带来国内和平和稳定发展，对当前和未来的中国外交来说都是亟待回答的问题，也是决定中国是否能够真正成为"负责任的大国"的一个重要方面。因此，如果中国能够从前统一苏丹到南苏丹族群冲突的惨痛经历中吸取一些有效的经验和教训，不仅有利于中国更加有效地与这些国家发展全方位的合作关系，也同样有利于中国为世界和平做出更大的贡献。

前苏丹：历史冲突导致族群矛盾积重难返

在英国殖民苏丹之前，苏丹的南部和北部就已经有了相当大的差异。苏丹的北部基本上是阿拉伯人，信奉伊斯兰教，而苏丹南部则为非洲裔，信奉基督教或原始宗教。

20世纪初，英国基本上通过埃及官僚来管理苏丹。该政策的长期结果是，苏丹的北方政治经济方面取得了相当的发展，但南方则基本没有获得发展。因此，即便是在独立以前，苏丹政治经济就已经呈现出"北重南轻"的局面。

在苏丹争取独立的谈判过程中，北方阿拉伯穆斯林精英基本上将南方精英人士排除在谈判之外，而英国政府只想赶紧收缩它的"日已落"帝国，基本没有考虑这样做会对苏丹独立后的族群政治产生深远的负面影响，从而轻易就让北方阿拉伯穆斯林取得了苏丹中央政府的主导地位。

因此，自20世纪50年代初，北方阿拉伯穆斯林就几乎全面把持着苏丹中央政府，而南方各族群只分得了几个象征性的职位。更糟糕的是，北方阿拉伯穆斯林主导的苏丹中央政府不仅对南方的非洲裔人士推行歧视性的族群政策，还试图强迫他们皈依伊斯兰教。

1955 年 8 月，在苏丹脱离英国殖民统治独立的前夕，由北方主导的喀土穆政府企图解除南方各族群的武装，并以参加独立庆典阅兵为名，命令驻扎在托里特的原英属"赤道军团"部队开往北方。此举遭到了该部队中以拉图克人为主的南方中下级军官和士兵的坚决抵制，导致其哗变，即托里特哗变。

此次哗变遭到了北方喀土穆政府的残酷镇压，大量逃散的原"赤道军团"南方官兵及南苏丹民众在与乌干达、埃塞俄比亚交界的边境地区展开了游击战争，反抗北方的统治。北方喀土穆政府则对南方进行苏丹化（主要是穆斯林化和阿拉伯化）改造，加紧打压南方各少数族群。以约瑟夫·拉古为首的南方"阿尼亚尼亚"武装以及整编后的"南苏丹解放运动"与苏丹政府军之间的冲突持续了 17 年，造成交战双方多达 10 万武装人员死亡，多达 40 万平民死亡，这就是苏丹第一次内战。

第一次内战以 1972 年冲突双方签订了《亚的斯亚贝巴协定》，南方获得了有限的自治权而告终。

但是，第一次内战结束后，苏丹南北双方的紧张关系并未从根本上得到缓解，《亚的斯亚贝巴协定》中规定的南方的有限自治权并没有得到北方喀土穆政府的切实保障，苏丹中央政府并没有将历史上属于南部管辖的一些地域归还给南部。

1979 年，在属于苏丹南方，但和苏丹北方接壤的两个省——上尼罗省（Upper Nile）和琼格莱州（Jonglei）——相继发现了大规模的石油资源之后，苏丹中央政府对南方的强硬政策变本加厉。时任苏丹总统的加法尔·尼迈里（Gaafar Nimeiry）于 1980 年 2 月宣布解散苏丹南方地区议会。1980 年 11 月，苏丹中央政府进一步试图将拥有石油资源的苏丹南方地区在行政上并入苏丹北部省份。不仅如此，苏丹中央政府还实行"南油北运"政策，坚持将石油冶炼设施建在苏丹北部的苏丹港附近，并且拒绝与南方共享石油收入。此外，尼迈里还坚持将南方的行政区划重新划分。

这些举措无疑加剧了苏丹南北方间的矛盾。而尼迈里于 1983 年 1 月命令南部士兵组成的军队必须换防到北部，但是南部士兵组成的军队再一次拒绝执行命令，至此，南北和平的最后一根稻草也无效了。当年 5 月，以约翰·加朗为首的南方官兵发动兵变，成立"苏丹人民解放运动（军）"，苏丹第二次内战由此正式爆发。

苏丹的第二次内战持续了近 22 年，导致 200 多万人（主要是平民）死亡，直至 2005 年 1 月《内罗毕协议》签署，北方政府同意南方就独立举行公投才方告结束。

《内罗毕协议》中，苏丹中央政府同意与南方有限共享石油收入，以试图留住南方。但 2011 年 1 月，南苏丹最终通过公投选择与北方分离：公投结果是 98.83% 的南苏丹人支持南苏丹独立，并于 2011 年 7 月 9 日正式宣布建国。

南苏丹共和国：族群冲突的延续

但是，独立建国并没有给饱受战乱之苦的南苏丹人民带来他们期待的持久和平。最主要的问题其实是一个老问题：族群政治。南苏丹于

2011 年 7 月独立后，丁卡人（Dinka）和努尔人（Nuer）之间原本脆弱的政治平衡，因出身丁卡族的总统基尔（Salva Kiir）于 2013 年 7 月解除了努尔族副总统马查尔（Riek Machar）的职务而被打破。2013 年 12 月，基尔指责马查尔妄图发动政变，导致两大族群之间业已存在的安全困境上升为冲突螺旋，引发了双方的武装冲突。

事实上，在争取独立的过程中，南苏丹的第一大族群丁卡族与第二大族群努尔族之间就发生过严重的族群冲突。1991 年秋，苏丹人民解放军纳绥尔派、"阿尼亚尼亚第二"等以努尔人为主的武装屠杀了琼格莱州博尔地区至少 2000 名丁卡人，受害者包括妇女、儿童和老人。对"博尔大屠杀"惨案的集体记忆，使努尔人长期受到丁卡人的怀疑和疏离，努尔族人表现出的善意得不到丁卡人的信任，他们对安全的诉求也容易被当作威胁，甚至可能会引发丁卡人的恐惧和仇恨。同时，族群政治精英往往利用这种恐惧和仇恨，将族群认同政治化，塑造出单一、排外的族群认同，并以此作为动员己方族群的基础。

"南苏丹独立运动"一直受"苏丹人民解放运动"领导，但该组织始终未能发展成为具有严格组织纪律性的现代政党，其内部团结一直由该运动创始者丁卡人加朗的个人声望维系。1991 年，努尔族将领马查尔成立"苏丹人民解放军纳绥尔派"，公然反对丁卡人对苏丹人民解放军的领导，后被加朗挫败。这期间，马查尔的"苏丹人民解放军纳绥尔派"和加朗领导的"苏丹人民解放运动"之间的冲突一直持续到 1999 年，直到 2002 年才重新走到一起。但加朗于 2005 年因直升机失事遇难后，"苏丹人民解放运动"内部的派系分化加剧。

南苏丹独立后，政治阵营基本按照族群分界划分，军队也建立在部族基础之上，行政和军事体系均缺乏统一号令，各族群均掌握了实力不等的武装力量，以此为后盾来攫取政治权力，进而为本族群争夺相应的经济利益。在这一过程中，最大的两个族群丁卡族和努尔族之间的矛盾日趋尖锐，以总统基尔和副总统马查尔为代表的各族群精英，在处理诸如与苏丹喀土穆政府的关系、石油收入的分配等问题上意见相左，双方均努力争取其他少数族群派系的支持，构建反对对方的统一战线。

基尔解除马查尔副总统及 29 名非丁卡族内阁部长职务，加剧了执政党"苏丹人民解放运动"内部的族群分裂，被解职的政客们试图召集党内最高决策机构"民主解放委员会"会议实施反击，但基尔拖延其召开以压制反对派。这最终招致政府军内非丁卡族军人的不满，在总统卫队换防过程中，因接防部队索要弹药库钥匙未果而发生火拼，代表不同族群势力的军队随后介入。基尔总统随后下令逮捕了法务部长等 7 名高官，控制了 4 名前南苏丹领导人，矛盾进一步激化。

冲突爆发后，马查尔立即前往琼格莱州、团结州和上尼罗河州等努尔人聚居地区，驻扎在上述地区的南苏丹政府军第四师和第八旅哗变加入马查尔阵营，其他政府军部队中的努尔族官兵也纷纷逃离原建制单位向马查尔控制的地域集结。战火在南苏丹境内蔓延。

石油与族群政治互动的恶果

独立后的南苏丹共和国经济结构单一，除了热带硬木外，石油是最主要的出口商品，石油收入也是政府的主要财源。围绕着政治权力和石油收入的分配，南苏丹各族群之间，尤其是以总统基尔为代表的丁卡族和以副总统马查尔为代表的努尔族之间的博弈不断升级。南苏丹国家政权呈现出族群政治的"碎片化"和"弱国家"特征，各派政治势力不关心国民整体福祉和公共建设，只顾攫取经济利益，国家政权蜕变为寻租机构。为了巩固丁卡族的既得利益，总统基尔不断加强自己手中的权力和中央集权，打压少数族群政治势力，从而引起了以马查尔为代表的少数族群精英的不满。

石油的地理分布是南苏丹族群冲突的一个重要促成因素。虽然丁卡族在国家政权中占据了主导地位，但南苏丹的石油产区主要集中在努尔族聚居的团结州、琼格莱州和上尼罗河州。这样的政治权力和石油资源的错位分布，特别容易导致族群冲突。当一个国家不存在族群冲突，但存在一定仇恨，少数族群地区发现大型油田可能促使冲突爆发；若业已存在冲突，则会加剧冲突。丁卡族和努尔族之间素有芥蒂，且努尔人早已对石油收入的分配不公心存不满，在首都朱巴发生武装冲突后，马查尔立即前往上述三个产油州，动员努尔族武装与丁卡族主导的政府军对抗。在努尔族武装控制了三个产油州之后，必然会使依赖石油出口收入的南苏丹政府财政更加紧张，这又促使基尔总统加强对努尔族武装的进攻以夺回对油田的控制，从而导致武装冲突升级和长期化。

理解南苏丹族群冲突对中国的意义

首先，中国资源类企业在海外投资不仅要与对象国政府打交道，而且应该深入了解投资地区的各类社会团体及其立场。比如在南苏丹的石油投资上，与中央政府的协议固然重要，但是在这样一个族群宗教关系错综复杂、制度化程度低的国家，大规模的资源开发和工程建设要求中国企业必须尽可能地"接地气"，尽力沟通各个主要族群的精英，并力求获得投资地区居民的认可，这才能够为走出去打好基础。对有潜在分离主义倾向的少数民族地区而言，单纯掠夺式的开发政策或者输血式的援助政策都是不可取的。目前，中国在中亚和东南亚的多项大规模跨境投资都面临这样的考验。

再者，从前苏丹到南苏丹族群政治的悲剧中，我们还可以看到，此次南苏丹的内乱既存在直接诱因（精英间的竞争以及群体对资源的争夺），又包含历史纠葛（族群间的历史冲突）。事实上，这样的族群冲突并不仅仅存在于南苏丹。在蕴藏着丰富的油气等自然资源的少数民族聚居地区，中央政府和外资企业如果单纯开采石油或其他资源而不惠及当地经济社会发展和各民族情感的话，那么对资源的争夺就会像南苏丹正在发生的那样，成为族群冲突的重要诱因。因此，中国的资源型企业要特别重视经济利益分配对族群冲突的影响。

最后，中国的海外投资要兼顾利益和形象。中国的每一次大规模海外投资势必会导致竞争对手的嫉妒甚至污蔑，例如各种针对中国投资的威胁论和帝国主义论。对此，中国政府和企业需要积极配合，一方面，中国政府要提醒、限制国企在冲突和政治风险过大的地区一味追求经济利益；另一方面，国有企业在保证投资收益的同时，应积极考虑协助中国政府缓和投资对象（国家或地区）的社会矛盾、支援其基础设施的建设。只有政府和企业的通力合作，中国的海外投资才能获得广大发展中国家和新兴经济体的信任。

编后絮语

失败国家是怎么炼成的？

美国《外交政策》与超党派研究团体和平基金会公布了2013年"失败国家指数"排名，此次排名共对178个国家进行评比，涉及战争、饥荒、独裁、儿童死亡率、经济状况、大规模流行病、政治纷争、自然灾害等12个指标，满分为120分。索马里以113分高居榜首，苏丹和南苏丹分别以111分和110分位居第三、第四。至今，已是2017年，那里的情形并没有发生实质性的好转。

有些国家十分富裕，有些国家则异常贫穷。人们不禁要想，带来繁荣富裕的根本原因是什么？富裕的社会能够一直繁荣下去吗？一个社会的贫困与富裕，是如同《枪炮、病菌与钢铁》所说，受风土与物种之类地理因素的影响，或是受宗教文化的影响，也许是穷国的官员想不到好的政策？对此，美国学者戴伦·艾塞默鲁和詹姆斯·罗宾森写了《国家为什么会失败——权力、富裕与贫困的根源》一书，通过政治制度的架构来解释经济的繁荣与衰退。

在他们看来，政治制度可分为广纳型制度和榨取型制度两种。一个社会若能将经济机会与经济利益开放给更多人分享，即为广纳型制度；反之，经济利益与政治权力若只由少数特权精英把持，即为榨取型制度。前者致力于保护个人权益，并且在政治上广泛分配权力、建立制衡并鼓励多元思想，从而引导国家迈向富裕。而后者则致力于维护特权，利用政治权力阻碍竞争，如此将牺牲多数人的利益，也不利于创新，必将阻碍整体的社会进步。

长期以来，国际货币基金组织、世界银行等机构曾想推动"华盛顿共识"，帮助解决一些国家的困境，要求这些国家开放市场、促进金融自由化、抑制通货膨胀、国有企业私有化等。结果，在欧美行得通的政策，在陷入发展困境的国家则水土不服，私有化让更多的国家财富落入了权贵的腰包，通货膨胀不仅没有遏制，反而还呈指数级上升。著名的《外交政策》杂志在 2010 年就曾感叹："这些失败国家在短期内很难看到希望。"

延伸阅读

- 戴伦·艾塞默鲁、詹姆斯·罗宾森《国家为什么会失败——权力、富裕与贫困的根源》
- 贾雷德·戴蒙德《枪炮、病菌与钢铁》

作者简介

唐世平，复旦大学特聘教授，复旦大学国际关系与公共事务学院教授。他的研究领域广泛，覆盖国际政治、制度经济学、政治理论、社会科学哲学。著有《制度变迁的广义理论》《新编国际关系学系列教材·历史中的战略行为：一个战略思维教程》《我们时代的安全战略理论：防御性现实主义》等。

全书纵览

当主编的彼得大帝

芬兰的廉洁从哪里来

凯末尔：现代土耳其创建者

福泽谕吉与明治维新

巴列维国王的"白色革命"为什么失败了

穆罕默德·尤努斯：赶走贫困的人

犹太复国主义及以色列建国

石油之殇：从前统一苏丹到南苏丹

德克勒克：国家转型激流中的船长

澳大利亚，从罪犯流放地到发达国家